Helge Sobik
Gestrandet

Copyright © 2024 Picus Verlag Ges.m.b.H., Wien
Alle Rechte vorbehalten
Grafische Gestaltung: Buntspecht, Wien
Karten: Adobe Stock, iStockphoto
Umschlagabbildung: © lublubachka/Adobe Stock
Druck und Verarbeitung:
FINIDR, s.r.o., Český Těšín
ISBN 978-3-7117-2147-1

Informationen über das aktuelle Programm
des Picus Verlags und Veranstaltungen unter
www.picus.at

Helge Sobik

Gestrandet

66 Robinsonaden
Wie schön es sein kann, auf Reisen
einfach hängenzubleiben

Picus Verlag Wien

PROLOG

Wenn sie verreist, braucht sie länger als andere, um anzukommen. Sie ist es gewöhnt. Es liegt daran, dass sie von allem weiter weg wohnt als die anderen. Und daran, dass so oft etwas dazwischenkommt. Mary Naptuna ist am Ende der Welt zu Hause. Aus demselben Grund bekommt sie selten Besuch. Selbst ihre Familie aus London ist in über zwanzig Jahren Ehe nicht ein einziges Mal vorbeischauen gekommen, wie sie mit ihrem Mann Steven ganz oben auf der Kuppe des Planeten lebt. Das kann auch daran liegen, dass nur zweimal die Woche ein Linienflugzeug bei Mary und Steven in Sachs Harbour auf Banks Island in der westlichen kanadischen Arktis einschwebt. Und daran, dass der Flug oft kurzfristig wegen Nebels gestrichen wird. Und sich die Wetterlage tagelang nicht ändert. Manchmal muss Pilot Blake Lawson mit seiner über dreißig Jahre alten Twin Otter im rechten Winkel zur Piste wieder starten, weil der Wind es nicht anders zulässt. Er wirft dann die beiden Propeller an, gibt Vollgas, kreuzt kurzerhand die gut zwanzig Meter breite sandige Startbahn und rattert mit Spezialbereifung über die Moose der baumlosen Tundra Richtung Norden, bis er genügend Tempo hat, um abzuheben und später am Himmel eine lang gezogene Kurve gen Süden zu fliegen: nichts Ungewöhnliches in Sachs Harbour auf Banks Island in der kanadischen Arktis. Die Twin Otter ist für solche Manöver gebaut. Es gibt sogar ein paar Buschpiloten hier oben in der Arktis, die mit voller Überzeugung behaupten, die Maschine liebe so etwas.

Steven Naptuna kennt all das. Er ist dort oben aufgewachsen, will nirgendwo anders hinziehen. Für ihn ist der Ort im Abseits der Nabel der Welt. Und Mary aus London will nirgendwo anders mehr zu Hause sein als bei ihrem Steven. Macht nichts, dass Sachs Harbour der einzige Ort auf der Insel ist, die es ungefähr auf die Größe Irlands bringt und über weniger als acht Kilometer Straße verfügt. Egal, dass dort weniger als hundertzwanzig Menschen leben, Eisbären auf der Insel klar die Mehrheit stellen und im Hinterland Tausende Moschusochsen wie seit Urzeiten leben. Niemand würde sich wundern, liefe hier plötzlich eine vergessene Mammutfamilie durchs Bild. Mary ist hier gestrandet, der Liebe wegen, für ein ganzes Leben.

Wenn andere irgendwo auf der Welt stranden, ist es meist nur für Stunden, manchmal für Tage: bis der Sturm vorbei und die Fähre repariert ist und wieder fährt. Bis sich der Nebel gelegt hat oder anderswo alle Tragflächen zum wiederholten Male enteist sind und ein Flieger wieder abheben kann. Bis jemand irgendwo noch Ersatz für die durchgerostete Achse des altersschwachen Busses gefunden hat. Bis eine sturzbetrunkene Crew wieder ausgenüchtert, eine Piste am Hang nach einem Erdrutsch wieder befahrbar ist. Tausend mögliche Gründe. Bis hin zu einer Pandemie, die einen unverhofft an Grenzübertritt oder Heimreise hindert.

Auch das sind gute Gründe: weil man sich entschieden hat, freiwillig länger zu bleiben, weil es noch so viel zu entdecken gibt und man einfach nicht wieder wegwill – weil der Alltag der anderen so schön ist, die Gespräche mit Fremden so gut sind. Weil das Essen so gut schmeckt, es ein Fehler war, das Hotelzimmer nur für drei Nächte zu buchen und es ein glücklicher Umstand ist, dass es für eine ganze weitere Woche verfügbar ist, ehe überhaupt erst wieder eine Anreise erwartet wird. Aus dem Stranden kann Großes werden: weil man womöglich ein Leben lang bleibt – und sei der Ort noch so abgelegen. Wie Mary Naptuna aus London. Wegen Steven aus Sachs Harbour.

Wie schade eigentlich, dass unsere durchtechnisierte Welt heute fast überall so organisiert ist, dass man seltener strandet als früher oder wenigstens schneller Rettung naht, ein Problem gelöst wird – und es doch weitergeht. Dabei gibt es noch Orte, bei denen die Voraussetzungen eher als anderswo hergeben, dass man dort strandet. Der Flughafen der kanadischen Westküstenstadt Prince Rupert ist so ein Beispiel. Er wurde einst auf der vorgelagerten Insel Digby Island errichtet – ohne dass sich jemand ausreichend Gedanken darüber gemacht hat, dass Digby so oft nebelverhangen ist, viel häufiger als das nahe Festland ...

Selbst in Großstädten kann man hängenbleiben, weil kein Flecken der Welt gegen Wetterunbilden gefeit ist. Venedig und das Hochwasser ist so ein Beispiel, wenn plötzlich nichts mehr geht – oder zu wenig, um das gewohnte Reisetempo beizubehalten. Hausgemachtes Chaos ist ein weiterer weit verbreiteter Grund, Mumbai mit seinem Straßenverkehr das beste Beispiel dafür. Bangkok wäre ein weiteres. Und so viele große Städte mehr.

Längst kann man ohnehin an jedem Ort und mit jedem Verkehrsmittel stranden, nicht mehr nur im ursprünglichen Wortsinn mit dem Schiff und an einer Küste. Zu stranden hat zudem über die Zeit den negativen Beiklang von einst verloren. Wer früher strandete wie Robinson, der tat das als Schiffbrüchiger. Immer war es die letzte

Rettung und als Alternative hatte das Schicksal nur den Tod durch Ertrinken im Sortiment. Manche rettende Küste hatte Palmen, Wälder, hilfsbereite Menschen anzubieten, andere nur Felsen oder Eis. Manchem schlug Feindseligkeit oder Ablehnung entgegen. Wem es widerfuhr, da wie dort zu landen, der wollte nichts sehnlicher als zurück in sein altes Leben, das oft den halben Erdball entfernt spielte. Wer aber heute von »Robinson-Urlaub« spricht, der verschwendet keinen Gedanken mehr an das Schicksal des Schiffbrüchigen aus der Literatur und unzähligen Verfilmungen, sondern sieht vorm inneren Auge nur Palmen, Strand und sanfte türkisblaue Wellen als erstrebenswerte Ferienkulisse, die mit nur wenigen anderen Privilegierten zu teilen ist, die dafür tief in die Tasche greifen. Robinson ist in der Wahrnehmung zum Dauerurlauber geworden, dem das Schicksal einen Jackpot beschert hat und dessen Alltag erstrebenswert ist und mit viel Geld erkauft werden kann.

Ähnlich ist es mit dem Stranden. So ärgerlich es anfangs meist ist, wenn eine Reise ungewollt unterbrochen ist, so viele Chancen bietet das doch jedes Mal: auf neue Entdeckungen, interessante Begegnungen, auf reichlich Erzählstoff für die Zeit zu Hause, wenn man denn eines Tages mit meist nur ein wenig Verspätung dort wieder eintrifft. Auf Erinnerungen für immer, mal kleiner, mal größer. Auf Einblicke, Ausblicke, Begegnungen. Und neue Ideen.

Einige wenige fordern das Risiko heraus, suchen geradezu die Gefahr, und einfach nur zu stranden, ist ihnen zu wenig. Wenn sie hängenbleiben, dann soll es wenigstens bedrohlich sein. Die meisten brauchen das nicht. Sie wünschen sich einfach, weit entlegene Gegenden des Planeten zu bereisen oder Vertrauteres ganz neu zu entdecken. Dass sie dabei womöglich stranden könnten, gehört dazu. Was dann? Entspannen. Neugierig sein. Loslaufen und mit allen Sinnen wahrnehmen.

Manchmal bekommen sogar Mary und ihr Inuit-Ehemann Steven Naptuna inzwischen Besuch von Fremden, die den weiten Weg unternehmen und ein halbes Dutzend Mal umsteigen, bis sie endlich ganz oben auf dem Planeten angekommen sind. Sie mieten sich wie ich im geheizten Gästehaus ein, gehen mit Steven auf Moschusochsen-Safari und halten anschließend ihren großen Zeh in den Amundsen-Golf. Diese Leute sind von ewiger Neugierde getrieben: auf das, was sich hinter einem merkwürdig klingenden Ortsnamen im Flugplan oder auf der Landkarte verbirgt, hinter Pangnirtung oder Kangiqsualujjuaq, hinter Umm al Qaiwain oder Tristan da Cunha. Oder Sachs Harbour, Ikaahuk in der Sprache der Ureinwohner, hinter dem nächsten Berg, der übernächsten Kurve oder einfach nur hinter einer hohen Mauer.

Erlebnisse kann man organisieren. Es lohnt sich, offen zu bleiben für all das, was nebenher geschieht, ganz zufällig. Oft steht eine große Erinnerung für später dahinter, wenn man solche Nebenstränge in der Handlung einer Reise zulässt. Seltsamerweise ist man dafür offener, wenn man es sein muss. Wenn man auf Hilfe angewiesen ist oder einfach nur aus dem vorgeplanten und oft eng getakteten Gerüst herausfällt, weil etwas schief geht: ein Abholer nicht kommt, das letzte Zimmer in einem eigentlich gebuchten Hotel schon an jemand anders vergeben ist, der denselben Anspruch darauf hat und bleiben will. Was dann geschieht? Das ist grundsätzlich immer anders, weil es so vielen Einflüssen von außen unterworfen ist.

Manchmal ist es schade, wenn der Abholer einfach nur verspätet war und nach zwei Stunden doch noch mit seinem Auto und einer dicken Beule in der Beifahrertür um die Ecke biegt. Zu stranden setzt keinen Mindest- oder Maximalzeitraum voraus. Manch einer, der für ein paar Minuten aus seinem erwarteten Ablauf geschleudert wurde, fühlt sich, als wäre er gestrandet. Andere stranden für eine Nacht, eine Woche, ein ganzes Leben.

Es kommt vor, dass man nicht erst auf dem Heimweg, sondern schon vorm Ziel strandet. Mir erging es mit Sachs Harbour auf Banks Island so. Bis zu Mary und Steven Naptuna bin ich erst fünf Jahre nach dem ersten Versuch vorgedrungen. Beim ersten Anlauf war das Wetter konsequent dagegen. Ich bin bis Iqaluit im Mackenzie-Delta der Northwest Territories gekommen. Flüge nach Banks gab es nicht: alle gecancelt, auf Tage, zu viel Nebel hier wie dort und keine Wetteränderung in Sicht. Wie so oft im Sommer. Das zweite Mal gelang der Besuch, und endlich weiß ich, wie die arktische Blüte auf Banks Island im Juli aussieht und dass es nichts Weicheres und Wärmeres gibt als Handschuhe aus Moschusochsen-Wolle.

Diesmal wollte die Natur, dass ich länger blieb. Und nun dort strandete, wo ich sein wollte. Am ersten Tag schwammen Kinder im Arktischen Ozean, und das Thermometer zeigte fünfundzwanzig Grad. Am Morgen des zweiten Tages waren es zwanzig Grad, am Abend nur noch zwei. Und nachts fing es ein wenig an zu schneien, ehe der Nebel kam und den Flughafen drei Tage lang im Klammergriff hielt: kein Flugzeug rein, keines raus. Steven fuhr mit mir angeln, um die Zeit zu vertreiben – und erzählte die Märchen der Vorfahren. Manchmal ist es kostbar, wenn Nebel aufkommt, die Natur einen Vorhang vor die Welt zieht und man länger bleiben muss. Mit Musandam im Oman war es so ähnlich. Beim ersten Mal waren die Grenzposten dagegen, mich durchzulassen. Beim zweiten Versuch vier Jahre später waren die Formalitäten auf einen knappen Gruß geschrumpft. Die Welt war kleiner geworden. Immer sind es die Unwägbarkeiten, die aus Reisen Erlebnisse machen.

Wohin die nächste Reise geht? Vielleicht auf die Insel Kish im Persischen Golf. Sie gehört zum Iran, war das Ferienparadies des Schahs, ist heute so etwas wie das Experimentierfeld für ein kleines bisschen mehr Freiheiten im Land der Mullahs – und nur dreißig Flugminuten von Dubai entfernt. Oder auf die Andamanen und Nikobaren, die indischen Inselgruppen im Golf von Bengalen, denen die touristische Entdeckung noch bevorsteht. Oder wieder zu Mary und Steven. Weil sie so viel vom nächstgelegenen Nachbarort erzählt haben, von Ulukhaktok auf Victoria Island. Bloß gut anderthalb Flugstunden entfernt. Wenn kein Nebel ist. Klingt gut. Ich werde wohl mal hinfahren.

GESTRANDET

... IM ADDU-ATOLL
AM SÜDLICHSTEN ZIPFEL
DER MALEDIVEN

Zielflughafen: Gan
Airport-Code: GAN
Hängenbleibegrund: Flugausfall wegen
Monsunregens

Sie sind wieder da, haben ihre Fahrräder an die Hauswand gelehnt, hocken unter dem alten Mangobaum gegenüber von den Fischerbooten, haben die letzten Regentropfen von dem wackeligen Holztisch gewischt, ihr Schachbrett ausgebreitet, die Figuren aufgebaut: wie gestern Morgen. Und wie am nächsten Tag. Ein Tropensturm wie der aus der letzten Nacht bringt die Männer aus Feydhoo und Maradhoo nicht aus der Ruhe. Dass es mal prasselt, blitzt und donnert wie die Ouvertüre zum Weltuntergang: na und, kennen sie genau – und wissen, dass morgens wieder die Sonne am Himmel stehen und der Wind die Wolken weggeschoben haben wird. Dass der Flugplan erst ein, zwei Tage später wieder halbwegs gilt und Urlauber in den Inselhotels entsprechend länger bleiben müssen, ihre internationalen Anschlüsse verpassen? Für sie ist das nicht wichtig, es interessiert sie nicht. Es ist einfach ein unvermeidbarer Begleitumstand. Wahr-

14

MALEDIVEN

 Gan

scheinlich ist es sogar ein Glück. Schließlich kommt man, um hier zu sein. Nicht, um wieder zu gehen.

Die Männer sind an diesem Morgen so entspannt wie immer zu ihrem Schachtisch in Sichtweite des türkis schillernden Ozeans geradelt, haben manche große Pfütze umzirkelt und nun in Teams aus mehreren Spielern nur noch das Schicksal von König und Dame im Blick, während sie mit Strohhalmen jeder eine aufgeschlagene Kokosnuss leer schlürfen. Alltag im Addu-Atoll knapp unterhalb des Äquators.

Manchmal kommen ein paar Neugierige zu Besuch, die ebenfalls mit Rädern unterwegs sind, lehnen ihre Drahtesel an den Mangobaum, schauen den Schachspielern zu, plaudern mit Händen, Füßen und ein paar gemeinsamen Brocken Englisch. Es sind Fahrradurlauber – Leute, die hier die Malediven auf zwei Rädern erkunden. Es sind Robinsons, die nicht mehr auf Eilanden mit hundertfünfzig Metern Durchmesser abtauchen, sondern diesmal etwas sehen wollen. Sie möchten herumkommen im Paradies, wollen schauen, wie die Malediver leben – und fliegen dafür nach Addu ganz unten im Inselstaat.

Es ist ein Atoll mit einsamem Rekord. Über fünf mit Dämmen und Brücken verbundene Addu-Inseln spannt sich die mit siebzehn Kilometern längste Asphaltstraße der Malediven. Zweispurig ist sie, einen akkurat weltstädtischen Mittelstreifen hat sie. Rechts schillert der Ozean in Türkis, links sind es die Kokospalmenhaine in Dunkelgrün, in die hinein sich Dörfer und Gärten ducken. Und auf dem Rückweg ist alles seitenverkehrt.

Ein paar Hundert Meter sind die Querwege lang, allesamt aus Sand, die von der Hauptstraße ins Grün hinein und weiter bis zur gegenüberliegenden Küste der lang gezogenen Inseln abzweigen. Sie führen an bunt gestrichenen Häusern vorbei, an kniehoch ummauerten Gärtchen voller Bananenstauden, an Hängematten und Holzstühlchen, an Moscheen und Friedhöfen und kleinen Läden. Und an vielen lächelnden Menschen, an neugierigen Kindern, die aufgeregt winken. Es sind noch nicht viele Fremde, die nach Addu kommen und hier radeln. Und es ist nicht so, dass sie es immer gedurft haben.

Erst Reformpräsident Mohamed Nasheed, der sich nur drei Jahre im Amt hielt, hat die zuvor praktizierte Trennung zwischen reinen Hotel- und für Fremde fast durchweg verbotenen Einheimischeninseln aufgehoben. Sein diktatorischer Vorgänger Gayoom, unter dessen dreißigjähriger Herrschaft Nasheed sechs Jahre im Gefängnis saß, wollte keine wirkliche Berührung der Kulturen.

Nasheed sah das anders. Alle können voneinander lernen und sich gegenseitig voranhelfen. Die Einheimischen können zudem an den Fremden verdienen, können kleine Cafés eröffnen und Souvenirs verkaufen – und die Touristen plötzlich maledivischen Alltag erleben, Fischern, Handwerkern und Bauern bei der Arbeit zusehen. Und den Schachspielern auf Feydhoo.

Addu galt lange als das vergessene Atoll über siebzig Flugminuten von der Hauptstadt Male, um die herum sich in den gut erschlossenen nördlichen Atollen die meisten Hotelinseln gruppieren. Erst die Eröffnung eines ersten Luxushotels hier unten schaffte plötzlich neue Perspektiven. Von der Resortinsel Villingili sind es acht Speedboat-Minuten bis zu den Schachspielern auf der Insel Gan und den dort bereitstehenden neuen Leih-Fahrrädern an der Siebzehn-Kilometer-Straße. Bis zur Entdeckungstour durch den Insel-Alltag.

Eine Gangschaltung hat keiner dieser Drahtesel – nicht erforderlich auf Inseln, wo maximal dreißig Zentimeter Höhenunterschied zu bewältigen sind. Die Klingel fehlt ebenso – weil auch sie auf Eilanden fast ohne Verkehr keiner braucht.

Orange getüncht ist die Tankstelle für die wenigen Autos hier, die paar mehr Mopeds und Roller. Eine Fahrradpumpe hat der Tankwart dort ebenfalls bereitliegen – falls mal jemandem die Luft ausgehen sollte. Gelb und lindgrün sind die kleinen Restaurants nicht weit davon, kaugummiblau die Schulgebäude. Und so leicht es sich auf dem fast schnurgeraden Asphalt mit Linksverkehr in die Pedale treten lässt, so sehr knirscht und knackt der Korallensand der Nebenstraßen unter den Profilreifen. Und manchmal muss man sich ducken, wenn die Arme kleiner Kokospalmen in den Weg ragen oder Bananenblätter einem einen Klaps an die Stirn zu geben drohen.

Am schönsten ist es dort, wo so etwas geschehen kann: abseits der langen Piste, mitten in den kleinen Straßen. Um die Mittagszeit riecht es nach Reis, nach kräftig gewürztem Fischcurry aus dem hellblauen Steinhaus – und nach gebackenen Früchten aus dem Holzhaus gegenüber. Und Kinder rennen hinter einem Fußball her – wie neulich erst ihre Vorbilder aus der maledivischen Nationalmannschaft, die hier zu Gast waren. Sie hatten für ein Länderspiel trainiert. Ausgetragen wurde das Match später in Malé. Die Insel-Kicker haben drei zu zwei gegen die Philippinen gewonnen. Einer der Schachspieler aus Feydhoo war extra für viel Geld in die Hauptstadt geflogen, um das Nationalteam anzufeuern. Er hatte viel zu erzählen, als er zurückkam: vom Gedränge dort, den vielen Motorrädern, den hupenden Taxis in Malé, den hohen

Häusern, der dichten Bebauung, den kurzen Straßen. Der Alltag ist dort ein anderer, und Palmen gibt es fast keine. Man hat sie abgesägt und ausgegraben, um an ihrer Stelle all die vielen neuen Häuser zu bauen. Die Männer aus der Runde schauen ihn mit großen Augen an, einer zieht den aus Holz geschnitzten schwarzen Turm um ein Feld nach rechts. Kaum einer von ihnen hat das Addu-Atoll je verlassen. Sie wissen, dass es viele Inseln nördlich von ihnen gibt und dass irgendwo Festland kommen muss. Aber warum hinfahren? Lieber schnell beim rollenden Kiosk noch eine frische Kokosnuss mit Strohhalm holen.

... *AM KABINI RIVER*
IN INDIENS REICH
DER ELEFANTEN UND TIGER

Zielflughafen: Bangalore
Airport-Code: BLR
Hängenbleibegrund: Vollsperrung der einzigen
Straße wegen Bauarbeiten an der angrenzenden
Staumauer

Meenakshi hat einen neuen Job und musste dafür nach Karnataka umziehen. Mit vierundfünfzig ist das ein großer Schritt – aber jetzt hat sie es angenehmer, arbeitet fürs selbe Geld nur noch halbtags. Vorher war Meenakshi am Strand von Goa zu Hause, hat dort von morgens bis abends immer wieder geduscht, sich dabei bereitwillig fotografieren und manchmal sogar anfassen lassen. Sie ist ins Meer gestiegen, am Strand auf und ab gelaufen, hat fürs Fotografieren ein paar Rupien bekommen, die immer jemand anders für sie eingesteckt hat. Jetzt lebt die Dickhäuterdame als Hotelelefant am Kabini River weit im Binnenland des Subkontinents, duscht dort vormittags mit den Kindern der Gäste, lässt sie anschließend im Sattel Richtung Nagarhole-Nationalpark reiten – und dreht kurz vorm Dschungel wieder um, weil ihr Mahout es so will und es ihr so ebenfalls viel lieber ist.

Manchmal nur hört sie die wilden Elefanten aus dem Wald rufen, leise und aus weiter Ferne, wenn der Wind das Tröten herüberträgt. Zahlreich sind sie. Hunderte,

INDIEN

◎ Bangalore
● Nagarhole-Nationalpark

viele mehr als Tiger und Panther zusammen. Sie trampeln durchs Dickicht von Indiens wildreichstem Nationalpark, pflücken Blätter, sind von den Safarigeländewagen aus gut zu beobachten. Genau wie die Affen, die die Autos manchmal ein Stück des Weges begleiten – und sich offenbar zu festen Zeiten zur Menschenbeobachtung in den Bäumen direkt an der Piste durch den Urwald verabredet haben und oftmals lautstark um die besten Plätze rangeln.

Irgendwo in diesen Wäldern wohnte Mogli mit Baghira, tanzte im Dschungel, sang auf den Lichtungen, sprach mit den Tieren der Wildnis. Vielleicht ist er hinter dem Vorhang aus Riesenbambus, aus Lianen und Laub noch immer zu Hause – und hat längst Enkel. Nur Balu der Bär ist ausgewandert. Denn Bären gibt es hier nicht mehr. Aber Tiger sind noch da, auch gut hundertdreißig Jahre nach Rudyard Kiplings »Dschungelbuch«, über fünfzig nach Walt Disneys Zeichentrick-Kinoversion der Abenteuer des kleinen Jungen aus dem Urwald – so viele wie kaum irgendwo anders in Indien: Etwa achtzig Tiger leben im Nagarhole-Nationalpark, mehr noch im unzugänglicheren angrenzenden Bandipur-Nationalpark. Nur zwölfhundert sollen es in freier Wildbahn im ganzen Land insgesamt sein.

Es ist still in den Nationalparks am Kabini River, der aus Kerala kommt, im Nachbarbundesstaat Karnataka gestaut wird und sich in den Weiten Südindiens verliert, ohne je irgendwo zu münden. Von den Bäumen hängen allenthalben grüne Girlanden, bilden dichte Vorhänge, verhindern jeden Blick mehr als zehn Meter hinein in den Wald. Es riecht diesen Morgen ein bisschen nach Schiffsdiesel auf dem breiten Fluss, und es ist, als ob das

Safariboot den Frühnebel mit dem Bug vorsichtig in die Kulissen schöbe. Über Nacht ist es repariert worden. Gestern erst saßen die Urlauber stundenlang an Bord fest. Der Motor hatte den Geist aufgeben, und zur Erfrischung ins Wasser zu steigen oder einen Landgang zu wagen, wäre viel zu gefährlich gewesen. Das fühlte sich an wie zu stranden und war doch das Gegenteil davon. Zum Glück tat das Funkgerät noch seinen Dienst, und nach vier Stunden war ein Ersatzboot da, um die Teilzeitabenteurer abzuholen. Mit einem Tag Verspätung knüpfen die meisten von ihnen da an, wo ihr Ausflug zuvor unfreiwillig geendet hatte: voller Überzeugung, dass der Motor diesmal mitmachen werde.

Unmittelbar bis ans Ufer reicht die grüne Wand und verliert sich in Mangroven. An manchen Stellen sind Schilf und Bambus heruntergetrampelt, und dennoch hat noch nie ein Mensch den Boden dort betreten. Es sind die Elefanten des Waldes, die zum Trinken und Baden hierher kommen, Meenakshis fremde Verwandte. Und es sind die wenigen Panther aus Baghiras Nachkommenschaft und Shir Khans Dschungelbuchgesellen, die Tiger. Am größten sind die Chancen frühmorgens oder spätnachmittags in der Dämmerung, sie hier zu sehen – besonders in den Monaten April und Mai, wenn die Wasserstellen im Urwald weitgehend ausgetrocknet und die Tiere deshalb gezwungen sind, ans Flussufer zu kommen.

Der Wald ist menschenleer, denn selbst die Dschungelureinwohner vom Stamm der Kuruba mussten schon vor Jahren in neue Dörfer außerhalb der Nationalparkgrenzen umsiedeln, können dort Ackerbau treiben – aber dürfen kein geschütztes Wild mehr jagen. Ihre Götter sind in den Wäldern geblieben, und in den Augen der alten

Kuruba-Leute kann man noch heute die Erinnerungen an das Leben im Wald lesen.

Auch die Safari-Lodges für Urlauber, die gerade erst anfangen, Indien mit seinen über fünfzig Nationalparks als Alternative zu den Tierparadiesen Ostafrikas wahrzunehmen, dürfen nur außerhalb der Schutzgebiete errichtet werden. Der Dschungel gehört jetzt allein den Tieren – Besuch ist nur innerhalb einer schmalen festgelegten Zone, nur auf offiziellen Pisten und nur während des Tages erlaubt.

Äcker enden plötzlich, Kaffeeplantagen sind hier in Süd-Karnataka scharf gegen den Dschungel abgegrenzt, als hätte jemand mit dem Lineal eine kilometerlange Grenze der Nationalparks gezogen, die weder das Dickicht von der einen noch der große Nutzgarten von der anderen Seite überwinden darf. Wald duckt sich an die sanften Hügel, ist nicht übermäßig hoch, aber unwahrscheinlich dicht.

Dumpfe Rufe gellen plötzlich durch den Tag, klingen wie seltsam elektronisch verstärkt – und kommen aus den Kehlen zweier Affenmännchen, die einander herausfordern. Sekunden später klatschen Zweige, wischen Blätter über den Himmel, herrscht Unruhe in den Baumkronen. Die beiden kämpfen. Und als wollten sie den einen oder den anderen anfeuern, kommen aus dem gesamten Umkreis immer mehr Affen durch die Kronen herbeigesprungen, jubeln oder stöhnen, als kommentierten sie jede Attacke genau. So plötzlich der Streit begann – so schnell ist wieder Frieden geschlossen. Die Stille ist zurück, in einiger Entfernung steigen ein paar Kraniche auf, und tief unten gleitet ein Krokodil aus der Deckung ins Wasser. Es wartet auf Hirsche und Wildschweine, die zum Trinken kommen.

Nagarhole ist mit seinen sechshundertfünfundvierzig Quadratkilometern fast so groß wie Hamburg, Bandipur mit achthundertachtzig Quadratkilometern sogar größer: nichts als Natur – ein Zoo ohne Gitter und ohne Scheiben. Trotzdem schauen sich manche der Besucher die Wunderwelt nur durch Glas an, als suchten sie dahinter Schutz. Ständig haben sie ihr Fernglas oder die Linsen von Fotoapparat oder Handy vor den Augen, statt mal daran vorbeizuschauen. Es würde sich lohnen.

»Tiger, Tiger!«, zischt plötzlich Wildnisführerin Dina Nisheer auf dem Beifahrersitz des offenen Geländewagens, springt auf, deutet in Richtung Bambuswäldchen. Mit dem Zeigefinger auf den geschlossenen Lippen deutet sie an: »Lieber mucksmäuschenstill jetzt!« Es raschelt. Dürre Äste irgendwo im Gebüsch knacken. In der Ferne rennen Hirsche davon. Ein Affe kreischt und verschwindet, die anderen werden unruhig, halten dann wieder inne. Und Momente später ist alles wie vorher. Shir Khans Nachkomme hat es sich offenbar anders überlegt und ist wieder im Wald verschwunden. »Es gehört viel Glück dazu«, sagt Dina, »wirklich einen zu sehen. Alle zwei, drei Wochen klappt es. Es sind nur achtzig Tiere, und sie sind sehr vorsichtig.«

Meenakshi sind Tiger egal. Sie hat noch nie einen gesehen. Sie will wahrscheinlich gar keinen sehen. In Goa gab es keine, und hier am neuen Arbeitsplatz sind es bloß die fremden Kumpel im Wald, auf die sie ab und zu lauscht. Sie folgt den Rufen nicht: weil sie keine Karotten mehr zugesteckt bekäme, dafür ihren Mahout Mohan verlassen und weil sie auf die Nähe der Menschenkinder verzichten müsste. Vielleicht ist manchmal Mogli dabei, sitzt mit im Sattel – verkleidet mit Jeans und T-Shirt, mit

Stirnband und Armbanduhr, angepasst an die Zeiten. Aber mit denselben Träumen und Sehnsüchten. Und mit dem Talent, mindestens in Gedanken mit den Tieren sprechen zu können.

... *IN MUMBAI*
WO HEKTIK REIN GAR NICHTS
BRINGT

Zielflughafen: Mumbai
Airport-Code: BOM
Hängenbleibegrund: Auf der Fahrt zum
Flughafen im Stadtverkehr
stecken geblieben

Am Triumphbogen Gateway of India warten die Menschen auf den Sonnenuntergang – und die Taxis in endlosen Schlangen darauf, dass alle, die es sich leisten können, zurück nach Hause geschaukelt werden möchten: Touristen mit Selfiestick, dezent händchenhaltende indische Paare, junge Männer in Jeans und mit Ray-Ban-Sonnenbrillen neben Frauen in traditionellen Saris. Markenturnschuhe neben nackten Füßen, Stöckelschuhe neben ausgelatschten Sandalen, lange Gewänder neben kurzen Röcken. Das Publikum ist ein Spiegelbild des Molochs Mumbai.

Schlangenbeschwörer hocken zwischen den Menschen, bunt gewandete Kerle mit Kobra in der Hand drängen sich den Fremden als honorarpflichtige, wandelnde Fotopunkte auf. Es duftet nach knusprigen Köstlichkeiten einzelner Garküchen – und sitzt man erst mal im Taxi, ist es nur noch eine Frage der Perspektive, wer hier wen anguckt.

Die Sitze dort sind noch klebrig von der Mittagshitze. Die Kopfstütze des Fahrers ist zerbrochen, der Beifahrer-

INDIEN

◎ Mumbai

sitz hat erst gar keine. Das rote Kunstleder ist mit durchsichtiger Plastikfolie überspannt. Das schützt den Sitz und sammelt den Schweiß, auf das im besten Fall beides länger halte. Egal. Irgendwer wird die Idee gut gefunden haben und hat netterweise doch der Rückbank die Frischhaltefolie erspart. Aus dem Autoradio schallt derweil indische Folklore – ein Volksmusiksender, der den melodischen Singsang ab und zu durch krachende Jingles unterbricht, die so gar nicht zum Programm passen.

Und als wäre sie immun gegen den Benzingestank, trottet eine hellbraune, ausgemergelte Kuh kurzerhand direkt vorm Taxikühlergrill über den Asphalt. Der Verkehr lässt sie gewähren und bahnt sich einen neuen Weg. Nur Hektiker hupen. Wenn sie irgendwo auf der Welt nicht den Hauch einer Chance haben, dann hier. In Mumbai. In der Stadt, die früher einmal Bombay war. Wie lange man hier vom Innenstadthotel zum Flughafen braucht, um sicher abfliegen zu können? Das zählt zu den kleinsten denkbaren Problemen, die diese Stadt hat. Eigentlich ist es nicht mal eines. Auch morgen fliegt ein Flugzeug. Und übermorgen. Und woandershin sind auch ständig welche unterwegs.

... *IN MUSCAT*
BEI DEN
WEIHRAUCHMÄNNERN

Zielflughafen: Muscat
Airport-Code: MCT
Hängenbleibegrund: Fahrwerkprobleme
beim Flugzeug

Schatten in langen Gewändern huschen durch das Halbdunkel, eilen von Laden zu Laden, verschwinden über drei Treppenstufen in nur ein paar Quadratmeter großen Geschäften mit Regalen bis unter die Decke. An einer Ecke sind gerade Krummdolche im Angebot, gleich nebenan feilscht jemand um edle Stoffe. Es duftet süßlich, nach Zucker und starkem Tee, auch nach Tabak und orientalischen Gewürzen – und vor allem feierlich, nach Kirche, nach Gottesdienst, irgendwie nach Weihnachten. Auf Schritt und Tritt! Von draußen ruft derweil ein Muezzin aus der Nachbarschaft zum Gebet, und aus der Ferne fallen weitere in den Chor ein. Sein Minarett ist so unsichtbar wie er selber, bleibt hinter der Balkendecke und den Buntglasscheiben des Daches über den Gassen des Al-Muttrah-Basars von Muscat verborgen.

Sekunden zuvor trat Murtada Najwani im langen weißen Gewand an den Ladentisch von Bakhoor al-Ameen: Vier Kilo brauche er. Dringend. Er habe fast nichts mehr, der Vorrat zu Hause sei so gut wie aufgebraucht. »Gute Qualität, bitte«, sagte er noch und zeigte auf den Berg

OMAN

◎ Muscat

links vom Tresen: »Davon!« Al-Ameen greift zur Schaufel, gräbt sie in den Haufen aus braungelben Steinchen, jeder einzelne anders geformt, alle hart und doch keiner wirklich steinern. Er schippt sie auf die altertümliche Waage, jongliert mit den Gegengewichten, gräbt noch ein paarmal in dem Berg aus würfelgroßen unebenen Klößchen und hat schließlich die vier Kilo beisammen. Murtada Najwani strahlt, zahlt und eilt mit zwei Plastiktüten Shoppingausbeute nach Hause.

Was Bakhoor al-Ameen verkauft? Weihrauch. Nichts als Weihrauch. Und Myrrhe. In dritter Generation im kleinen Laden der Familie mitten im Al-Muttrah-Souk der omanischen Hauptstadt. Seinen Arbeitstag lang sieht er nicht, wie das Wetter ist. Er plaudert, kassiert und telefoniert im Halbdunkel des gedeckten Basars. Ob heute die Sonne scheint? Höchstwahrscheinlich. Wie fast immer hier nahe der Südostspitze der arabischen Halbinsel, keine hundert Meter vom Ufer des Indischen Ozeans. Auch kurz vor Weihnachten. Und frühsommerlich warm ist es drinnen wie draußen – zwischen zwanzig und fünfundzwanzig Grad an den meisten Wintertagen. Was da in dem Schälchen neben der Kasse kokelt? Weihrauch. Natürlich.

Und was Murtada mit den vier Kilo will? Er verbrennt sie nach und nach zusammen mit ein paar Stückchen Kohle, überall im Haus, den ganzen Tag lang, in kleinen tönernen Schälchen, die so ähnlich aussehen wie Duftlampen. Er liebt dieses Aroma, kennt es von klein auf, verzichtet nur unterwegs auf Reisen auf diesen Geruch: »Er gehört hierher. Nach Zuhause. Es ist wie mit deinem Garten. Den nimmst du auch nicht mit, wenn du verreist.« Das, was er da gerade eingekauft hat, dürfte für ungefähr einen Monat reichen.

Früher wurde diese Substanz mit Gold aufgewogen, Europäer wussten lange nicht, was das eigentlich für ein Material ist, ob es mineralischen oder pflanzlichen Ursprungs ist. Und wo genau es herkommt. Das Geheimnis um diesen Stoff machte ihn im Altertum wie im Mittelalter nur umso interessanter. Weihrauch war so kostbar, dass er Gottheiten und Herrschern vorbehalten war – bei den alten Römern so wie schon zuvor auf der anderen Seite des Mittelmeers bei den Ägyptern. Später hielt Weihrauch Einzug in die Liturgie christlicher Gottesdienste: wieder weil er so wertvoll war, kaum je irgendwo anders verbrannt wurde und deshalb für besonderen Zauber stand. Und für höchste Würden.

Noch heute bringt man im Abendland Weihrauch deshalb vor allem mit Weihnachten in Verbindung. Bakhoor al-Ameen hat davon gehört: »Es ist, weil die Heiligen Drei Könige aus dem Morgenland Weihrauch und Myrrhe als kostbare Geschenke nach Bethlehem mitbrachten.« Während er das sagt, gleiten ein paar Brocken davon zwischen den Fingern seiner rechten Hand hin und her.

Karawanen brauchten aus dem Süden der arabischen Halbinsel hundert Tage durch die Wüste bis ans Mittelmeer, und nur in wenigen klimatisch ganz besonderen Gebieten gedeiht der Weihrauchbaum überhaupt. Warm muss es sein, aber auch feucht. Es soll ab und zu nieseln, aber es darf nicht schütten. Im Süden des Oman im Hinterland von Salalah ist das der Fall, gut tausend Kilometer entfernt von den Basaren der Hauptstadt. Außerdem im Jemen, in ein paar südwestlichen Winkeln Saudi-Arabiens und, was kaum bekannt ist, in Somalia. Es sind sogar Somalis, die heute im Weihrauchhandel führend sind.

Bei den vermeintlichen Steinchen handelt es sich um

das hart gewordene Harz des Weihrauchbaums, der kaum höher als zweieinhalb Meter wird, eine weit ausladende Krone entwickelt und im Schnitt zwischen drei und sieben Kilo Ertrag pro Jahr bietet. Dreimal binnen zwölf Monaten wird die Rinde angeritzt, und milchiges Harz quillt heraus, das bald erstarrt. Die dritte Ernte bietet jeweils die beste Qualität.

Dabei ist es der Überlieferung zufolge nicht ganz ungefährlich, Weihrauch zu ernten. Niemals sollte es ein einzelner Mann tun, niemals ohne zuvor auf Trommeln geschlagen und gesungen zu haben, auf keinen Fall, ohne ein Schälchen der Süßigkeit Halwa neben dem Baum abzustellen. Omani gehen davon aus, dass unter jedem Weihrauchbaum ein Dämon wohnt, der besänftigt werden muss. Um sich nicht zu schwach zu fühlen, kommen sie mit fünfundzwanzig Mann und fragen den Dämon in ihren Liedern, ob sie ernten dürfen. Das hat praktischen Nutzen: Die Legende half, die Bäume zu schützen. Denn die Angst vor dem Dämon hat jahrhundertelang Diebe davon abgehalten, sich nachts heimlich an die Weihrauchernte in abgelegenen Tälern zu machen.

Keiner weiß, was der Dämon davon hält, was Foziya al-Makami mit den Weihrauchbrocken anstellt. Sie kocht die vermeintlichen Steine in ihrem Haus in Seeb bei Muscat, bis das Harz wieder flüssig wird, gibt Zucker hinzu, trocknet die Substanz schließlich, mahlt sie dann und verkauft das Pulver als Duftstoff für Kleidung oder verarbeitet es weiter zu traditioneller Kosmetik. Zu ihren Kunden zählen Basarhändler von Al-Muttrah. Die Rezepte dafür hat sie von ihrer Mutter bekommen. Selber hat sie fünf Töchter – von denen sich noch keine für diese Kunst interessiert. Die älteste arbeitet stattdessen bei einer Ölfirma. »Der Oman«, sagt Foziya, »wandelt sich«, und macht mit den hennabemalten Händen eine ratlose Geste, zu der sie lächelt.

Dabei hatte Sultan Qabus, langjähriger einstiger Herrscher des Landes, die Bedeutung des Weihrauchs erkannt – für den Export und für die Schlagzeilen: Auf Weihrauchbasis ließ er Amouage entwickeln und als seinerzeit teuerstes Parfum der Welt auf den Markt bringen. Diesen leicht zu knackenden Rekord haben sich inzwischen andere geholt, Amouage gibt es aber immer noch. Es verkauft sich sogar richtig gut. Die Fabrik ist bei Seeb, nicht weit vom Haus von Foziya al-Makami.

Ob Weihrauch einen Effekt hat? Murtada Najwani zuckt mit den Schultern: »Man sagt, er nährt die Engel. Und unabhängig davon: Er riecht ganz wunderbar. Und er tötet Fliegen.« Jetzt lacht er. Und legt schnell noch ein Krümelchen auf den Brenner.

... *IN FUJAIRAH*
VON DER ZEIT
EINGEHOLT

Zielflughafen: Fujairah
Airport-Code: FJR
Hängenbleibegrund: Ganz und gar freiwillig

An Seilen führen sie ihren Stier zu viert in die Mitte der improvisierten Arena – und durchs Tor auf der gegenüberliegenden Seite gelangt der Rivale ebenso aufs Gelände. Kaum dass die Männer lockergelassen haben und eilig zur Seite gesprungen sind, gehen die ein paar Hundert Kilo schweren Tiere mit gesenktem Kopf aufeinander los, dass es kracht. Sie werfen ihr gesamtes Körpergewicht in die Waagschale und stemmen sich im weichen Sand ab, um den Gegner mit dem Kopf wegzudrücken. Mancher grunzt dabei, als würde er dem anderen noch ein paar Flüche an die Hörner schleudern wollen. Und das Publikum feuert an, fiebert mit. Nach kaum einer Minute ist jeder Durchgang dieser archaischen Variation des Armdrückens unter Rindern vorbei – und sollte Blut fließen schon eher. Sieger ist, wer den anderen am weitesten zurückgedrängt hat.

Dass sich die Tiere dabei verletzen, ist nicht erwünscht. Kein Mensch setzt ihnen zu, niemand lauert in Angeberpose mit Degen in der Hand, um ihr Leben zu beenden: alles recht friedlich beim Stierkampf in Fujairah, dem einzigen der sieben Vereinigten Arabischen Emirate,

36

VEREINIGTE ARABISCHE EMIRATE

◎ Fujairah

dessen Hoheitsgebiet komplett an den Indischen Ozean grenzt.

Schon bald dürften die Sandplätze am Straßenrand, die Baubrachen am Meer knapp werden, wo noch immer an Freitagen Stierkämpfe stattfinden – nach alter Tradition und ohne Eintritt. Über Lautsprecher mit blechernem Klang moderiert ein Unsichtbarer von irgendwoher das Geschehen.

Fujairah boomt. Seit ein paar Jahren erst gibt es eine neue Autobahn aus Dubai – Fahrtzeit nur noch etwas mehr als eine Stunde. Das lockt Tagesbesucher an den Indischen Ozean – und Tauch- und Badeurlauber in das Emirat mit seinen Lehmfestungen, mit Oasen und Plantagen. Und mit der ältesten Moschee. Sie gilt als die heiligste in diesem Zipfel der Welt und ist bereits im fünfzehnten Jahrhundert erbaut worden. Sie ist klein, aus Lehm, ohne Protz – und vor einigen Jahren erst restauriert worden. Das fügt sich ins Bild, passt zur Lebensart.

... *AUF SIR BANI YAS*
ARABIENS
ANTILOPENINSEL

Zielflughafen: Sir Bani Yas
Airport-Code: XSB
Hängenbleibegrund: Boot zum Festland
ausgefallen

Sie waren die Könige der Wüste, die schönsten Tiere Arabiens, zogen jahrhundertelang zu Tausenden anmutig über die gesamte Halbinsel – und verschwanden nahezu im Nichts: zurückgedrängt, gejagt, ausgerottet. Einer hat sie besonders geliebt, gehegt, geschützt – und am Ende gerettet. Er gab ihnen so etwas wie Asyl und nahm sie in sein ganz privates Reich mit: Scheich Zayed, langjähriger Herrscher von Abu Dhabi.

Ein bisschen ist es wie im Märchen, und eigentlich müsste diese Geschichte deshalb mit »Es war einmal ...« beginnen: Gut vier Jahrzehnte ist es jetzt her, dass Zayed zehn der vom Aussterben bedrohten Oryxantilopen auf seine abgeschiedene Privatinsel Sir Bani Yas bringen ließ. Das Eiland im Persischen Golf ist hundertsiebzig Kilometer Luftlinie von Abu Dhabi-Stadt entfernt.

Wann immer er konnte, verbrachte der Scheich Zeit in seinem Palast auf der Insel, sog die Stille fernab allen Boomtown-Rummels und aller Ölindustrie in sich auf – und beobachtete vom Geländewagen aus mit dem Feldstecher »seine« Antilopen in einer Landschaft wie zu Zei-

◎ Sir Bani Yas

VEREINIGTE ARABISCHE
EMIRATE

ten seiner Väter. Ohne Straßenbeleuchtung, ganz ohne Fabriken, fast ohne Häuser. Aus den zehn Oryx von einst sind inzwischen über vierhundert Exemplare geworden: die größte Herde dieser Tierart überhaupt – und das auf einer nur siebenundachtzig Quadratkilometer großen Insel. Der Mann entwickelte eine richtige Antilopen-Leidenschaft, siedelte weitere Unterarten an, dazu arabische Sandgazellen – alles in allem inzwischen zehntausend Tiere, die nur sechs Feinde haben: vier Leoparden und zwei Hyänen. Die hat er auch angesiedelt. Damit die Natur im Gleichgewicht bleibt.

Die Insel ist heute sein Denkmal in Grasgrün und in Sandbraun – und öffentlich zugänglich.

Was Besucher, die dort in zwei Lodges und einem Hotel absteigen, den ganzen Tag über tun können? In offenen Geländefahrzeugen mit Rangern auf Pirschfahrt gehen. Oder Mountainbiken. Oder an geführten Kayaktouren auf Kanälen durch die Mangroven teilnehmen. Im Meer baden, an Pool oder Strand relaxen und lesen. Und wenn doch mal Geräusche die Ruhe unterbrechen sollten – dann kann es nur das Rauschen der Wellen sein. Oder das Hufgetrampel einer vorbeieilenden Antilopenherde. Man kann es nicht oft genug hören – und schaut den Tieren noch lange hinterher. Jedes Mal.

... *IN JERASH*
ALTES ROM MITTEN
IN JORDANIEN

Zielflughafen: Amman
Airport-Code: AMM
Hängenbleibegrund: Restlos verkalkuliert, was
die Fahrtzeit zum Flughafen angeht

Tief eingeschnitten sind die Rillen im zweitausendzweihundert Jahre alten Pflaster der säulengesäumten Allee von Gerasa. Pferdefuhrwerke und römische Kampfwagen haben deutlich ihre Spuren auf der Hauptstraße zwischen den Tempeln hinterlassen. Das Wasser der Brunnen vorm Nymphäum hat aufgehört zu fließen. Jupiter, Minerva und ihre himmlische Sippschaft sind ausgezogen. Vor über tausendsiebenhundert Jahren haben sie dem antiken Gerasa den Rücken gekehrt und eine Stadt zurückgelassen, die heute so aussieht, als wäre sie vorgestern noch bewohnt gewesen. Der warme Wind trägt den Ruf zum Nachmittagsgebet in den Artemis-Tempel. Der Gesang des Muezzins zirkuliert zwischen den fünfzehn Meter hohen Säulen. »Allahu akbar«, schallt es über die am besten erhaltene römische Provinzstadt des Nahen Ostens – über dreißig Hektar Ausgrabungsgelände, das nahtlos ins heutige Jerash fünfundvierzig Fahrtminuten vor den Toren der jordanischen Hauptstadt Amman übergeht.

Wo früher Kaiser Trajan herrschte, hat heute König Abdullah das Sagen. Artemis, Jupiter und Co haben neue

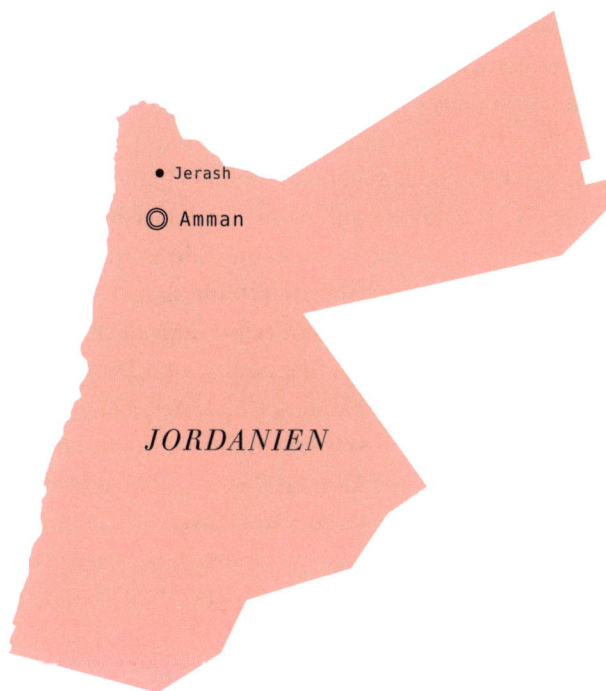

Jerash

◎ Amman

JORDANIEN

Nachbarn bekommen – Leute, die sich um die Hinterlassenschaft der Vorfahren kümmern, die Triumphbögen ausgraben und Amphitheater restaurieren.

Straßen verschmelzen und mit ihnen die Zeiten. Wo die römische Karrenspurpiste endet, knüpft die Asphalttrasse der Gegenwart an. Eine Mauer trennt beide, um die Vergangenheit vorm Verkehr zu schützen. Fünfzehntausend Einwohner hatte die mächtige römische Handelsstadt aus dem ersten vorchristlichen Jahrhundert, auf vierzigtausend kommt das heutige Jerash.

Die wenigen Souvenirhändler am Rande des Ausgrabungsgeländes sind angenehm unaufdringlich. Viele Jahre haben sie geduldig auf die ersten Touristen gewartet. »Jetzt haben wir erst recht keine Eile mehr«, sagt der alte Mann, der vorm Hadrian-Triumphbogen Postkarten und Cola verkauft. Seit über dreißig Jahren steht er hier bereits, und oft ist er abends ohne einen Dinar Umsatz wieder nach Hause gegangen. Nicht, weil keiner kaufen wollte, sondern weil schlicht niemand kam. Das Geld hätte er gut brauchen können. Mehr noch hat er die Gespräche vermisst, den kurzen Austausch, Frage, Antwort, Lächeln, manchmal einen Händedruck. »Erzähle deinen Freunden von Jerash«, bittet er. »Vielleicht kommen dann mehr.«

... *IN ALEXANDRIA*
STADT DER
WIDERSPRÜCHE

Zielflughafen: Alexandria Borg al-Arab
Airport-Code: HBE
Hängenbleibegrund: Gewaltige Gewitterfront,
Flugausfall

Ein bisschen sieht dieser Ort aus wie die Hauptstadt von Atlantis – halb untergegangen, halb neu erstanden, seltsam anders und ein bisschen unwirklich. So als würde die Stadt tief in der Nacht, wenn niemand mehr auf Korbstühlen vor den vielen Straßencafés hockt und Wasserpfeife raucht, aufs Neue im Meer versinken und mit Sonnenaufgang langsam wieder emporsteigen. Das Wasser würde ablaufen, von den Fassaden tropfen, ein paar Algen würden im Morgenlicht noch in den Ritzen des Mauerwerks hängen. Und alles würde binnen weniger als einer Stunde im Licht des neuen Tages verlässlich trocknen, wenn sich bereits wieder in endlosen Strömen gelb-schwarze Lada-Taxis und mattweiße Minibusse durch die Straßen drängeln.

Der Seewind hat die Farben Alexandrias abgeschrubbt, das Weiß und die warmen Gelbtöne der Vergangenheit. Das Salz in der Luft hat an den Fassaden der ägyptischen Mittelmeermetropole genagt, dem Meer zugewandte Fensterläden und Türen angefressen. Und weil sich alle an die sandbraune Silhouette gewöhnt haben, die schor-

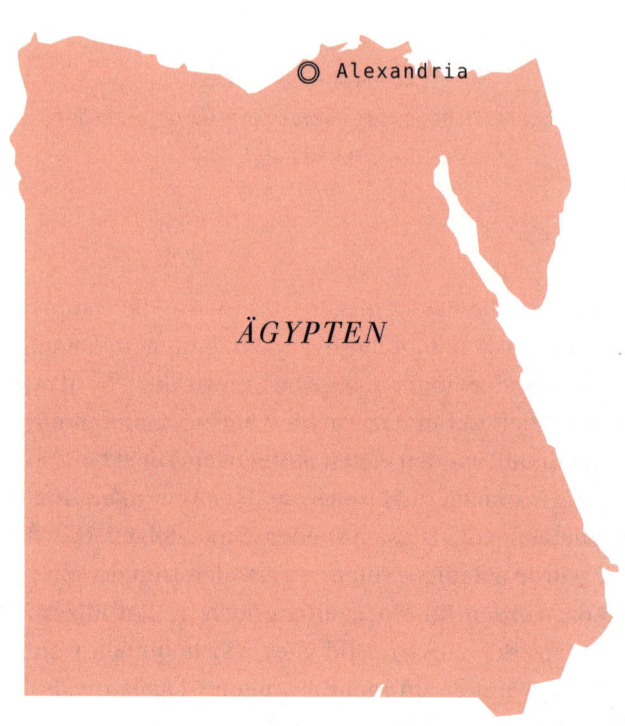

Alexandria

ÄGYPTEN

figen grünen Farbflocken auf den Hölzern, das verwaschene Grau manchen Hauses, hat man es einfach so gelassen.

Kaum irgendwo entlang der breiten Corniche ist ein Gebäude gestrichen. Nur Neubauten haben hier für ein paar Jahre Farbe. Und Hotels. Auch die Leuchtreklamen im Zentrum sehen seltsam altmodisch aus und wirken wie gedimmt. Aber die Musik, die aus den Boxen der Bars und den geöffneten Autofenstern schallt, ist modern, voller Tempo. Der Lebensrhythmus ist zweifelsfrei aus der Gegenwart, die Kulisse aus einer anderen Zeit – wie Belle Époque mit arabischen Schriftzeichen, europäische Gründerzeitarchitektur mit Palmendeko.

»Vieles ist für Fremde wie eine Zeitreise in die zwanziger Jahre des zwanzigsten Jahrhunderts«, findet Ashraf Sabri, der hier aufgewachsen ist und zwischenzeitlich nach Frankreich ausgewandert war. Damals war Alexandria kosmopolitisch, international, galt als die weltoffenste Stadt des Nahen Ostens, war allem Neuen aufgeschlossen, zog Literaten und Künstler an wie das Licht die Insekten. Wer hier strandete, betrachtete das als glücklichen Umstand. Später verschwanden sie nach und nach wieder – wie der in die Verbannung gejagte König Faruq, dessen Montazah-Palast nun die ägyptischen Präsidenten als Sommersitz nutzen.

Sabri ist zurückgekehrt, weil seine Geburtsstadt kurz davor ist, wieder wie damals zu sein. »Du spürst, dass sich der Kreis jetzt schließt – zur kosmopolitischen Vergangenheit des frühen zwanzigsten Jahrhunderts. Dass Farbe fehlt, stört nicht. Denn bunt ist das Leben, sind Märkte und Menschen, Geschäfte und Cafés, die Gassen des Basars, strahlend gelb sind die Strände, türkisblau die Wellen.«

Vor zwei Jahrtausenden war die ägyptische Mittelmeer-hafenstadt, 331 vor Christus von Alexander dem Großen gegründet und später von Kleopatra regiert, mit ihrer gewaltigen Bibliothek die Welthauptstadt der Wissenschaft und Künste, war Herrschersitz und Handelsmetropole an einem Nebenarm des Nil. In den folgenden Jahrhunderten versank sie in der Unauffälligkeit, nachdem erst die antike Bibliothek niedergebrannt und bald darauf der für den Handel so wichtige Nilarm versandet war. Im vierzehnten Jahrhundert schließlich stürzte wie als letzte Bestätigung allen Niedergangs auch noch der Leuchtturm ein, eines der sieben Weltwunder der Antike.

Alexandria, inzwischen über fünf Millionen Einwohner stark, tritt nun aus dem ewigen Schatten Kairos, will wieder Weltstadt werden – und ist auf dem besten Weg dorthin. Zusammen mit ihrem Umland bringt sie mehr als ein Drittel der Industrieleistung des Landes hervor. Der Aufstieg begann mit dem Anknüpfen ans Damals: mit dem Bau der neuen Bibliothek, die 2002 eingeweiht wurde – und mit der (Wieder-)Entdeckung der versunkenen Stadt von Königin Kleopatra im Osthafen.

In sechs bis acht Metern Tiefe stehen dort kolossale Säulen, Sphingen, gemeißelte Monolithen voller Hieroglyphen – Funde, die vor allem durch die Forschungs- und Bergungsarbeiten der französischen Unterwasser-Archäologen Jean-Yves Empereur und Franck Goddio einem breiten Publikum bekannt geworden sind.

»Vor über vierzig Jahren habe ich als kleiner Junge mit der Harpune in der Unterwasserstadt Doraden gejagt – und war nur eines von vielen Kindern dort«, erzählt Ashraf Sabri. »Wir wussten, wo wir von der Reling eines Bootes springen mussten, um vier Meter tiefer im Nacken einer Sphinx zu landen.« Für die Menschen aus Alexandria war es nichts Neues, was die Archäologen aus dem Wasser geholt haben – aber inzwischen weiß es auch die Welt und schaut wieder her. Sabri hat ein Tauchzentrum eröffnet, führt kleine Gruppen mit Sauerstoffflaschen auf dem Rücken über den Meeresgrund und geht Kleopatra besuchen.

»Als Kinder wussten wir, dass sich die größten Fische rund um die Säule von Ptolemäus II. tummelten und haben dort mit unseren Harpunen gelauert.« Diese Kolossalstatue ist inzwischen gehoben und restauriert. Sie steht heute kerzengerade vor der neuen Bibliothek von Alexandria, einem futuristischen Konstrukt nach Entwürfen norwegischer Architekten an der Corniche.

Acht Millionen Bücher soll der runde Megabau mit vier unter- und sieben oberirdischen Stockwerken eines Tages fassen, zweihundert Bibliothekarinnen und Bibliothekare arbeiten hier. Dalia el Sharigy ist eine von ihnen und freut sich an der neuen Internationalität ihrer Heimatstadt: »Unsere Bibliothek ist die neue Bühne dieser Stadt – und wahrscheinlich ist es heute wieder wie vor zweitausend Jahren, als hier alles Wissen der Antike gesammelt wurde.« Jedes Wort strahlt aus, wie gerne sie hier arbeitet. Welches Dalias Lieblingsbuch unter den Millionen ist? »Kein einzelnes.« Sie ringt eine Sekunde lang nach Worten, als könnte kein Bibliothekar der Welt jemals nur ein einzelnes Lieblingsbuch haben und auf so eine absurde Frage antworten. Dann legt sie sich doch fest, ein wenig jedenfalls: »Alles von Ernest Hemingway.«

... *IN MARSA MATROUH*
KÖNIGIN KLEOPATRAS
SOMMERFRISCHE

Zielflughafen: Marsa Matrouh
Airport-Code: MUH
Hängenbleibegrund: Lkw-Geisterfahrer auf der
Autobahn zurück nach Alexandria

Neulich war es laut in Porto Marina. Und voll war es an der Promenade, ungewöhnlich eng an den Lagunenstränden, kein Platz mehr zu bekommen auf den Terrassen der Cafés und Restaurants. Die Formel 1 der Meere machte Station an der ägyptischen Mittelmeerküste, und todesmutige Piloten ritten ihre Raketen auf dem Wasser, donnerten mit vielen Hundert PS über die Wellen beim Rennen der »World Powerboat Championships«. Einer war besonders glücklich darüber: der Direktor des Luxushotels direkt an der Lagune bei El Alamein. Weil der Wettkampf seinen Ferienort und sein Haus dahin brachte, wo er es haben möchte – in die Schlagzeilen, auf Augenhöhe mit St. Tropez, mit Monaco und Marbella. Und das, obwohl noch gar nicht Saison ist.

Rummel hat er ansonsten nur von Juli bis Mitte September zu managen, wenn die Einheimischen Ferien haben, wenn Scheichs aus den Emiraten seine Turmsuiten mit den halbrunden Schlafzimmern mieten – wie neulich erst Mitglieder der Herrscherfamilie von Katar, die gleich für ein paar Wochen blieben. Sie genießen, dass es ein

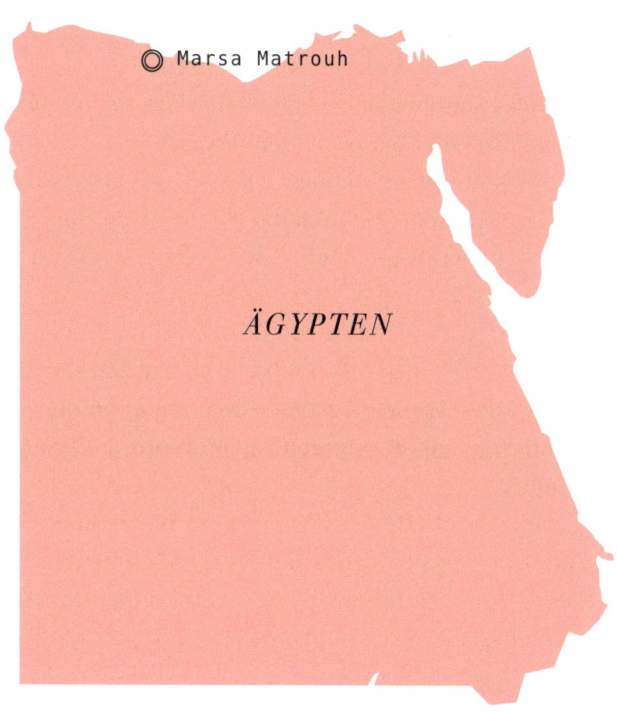

Marsa Matrouh

ÄGYPTEN

paar Grad kühler als zu Hause ist und immer eine leichte Brise vom Mittelmeer weht.

Die gewaltigen triumphbogenartigen Torzufahrten der vielen Ferienanlagen an der ägyptischen Mittelmeerküste, auf die jeder Kulissenausstatter eines Hollywood-Monumentalfilms übers alte Rom stolz wäre, sind dann für zehn Wochen weit geöffnet. Sommerhäuser und Appartementblocks sind belebt, Lokale voller Gäste, und in den Straßen duftet es nach gegrilltem Fisch.

Viele Frauen tragen lange Gewänder, steigen zum Baden mit schwarzem Kopftuch ins Wasser. Aber innerhalb mancher Hotelanlagen, mehr noch in den Discos, ist von all der Zurückhaltung nicht mehr viel zu spüren. Da wird plötzlich an Afrikas Nordküste Ibiza gespielt und zu den neuesten Arab-Techno-Hits libanesischer Stars getanzt bis fast in den Trance-Zustand – vor allem an den Wochenenden, wenn die jungen Ägypter zum Feiern herkommen.

»Caribia« und »Heidi« heißen diese Resortstädtchen, und auf ihren riesigen Sperrholzwerbetafeln entlang der Straße rekeln sich blonde Bikinischönheiten, tanzen in Überlebensgröße ausgesägte Surfer auf den Wellen mit Delfinen um die Wette. Die meisten Werbeschriftzüge aber sind ausschließlich in arabischen Buchstaben gehalten, nur das meterhohe Neonwort »Karaoke« blinkt Tag und Nacht in roten lateinischen Leuchtbuchstaben.

Prominenten Besuch soll es in der Region vor gut zweitausend Jahren gegeben haben. Damals schaute Königin Kleopatra regelmäßig zum Schwimmen in Marsa Matrouh noch über hundert Kilometer weiter westlich vorbei. Sie hat Urlaub in ihrem dortigen Sommerpalast gemacht, von dem nur ein paar Mauerreste die Jahrhunderte überdauert haben. Ihr angeblicher Lieblingsfelsen aber, dessen vorgelagertes Gestein einen Ring bildet und damit so etwas wie einen natürlichen Whirlpool im Meer schafft, nennt sich bis heute werbewirksam »Bad der Kleopatra«. Ein paar Meter entfernt davon warnt an Land ein Schild vor gefährlichen Strömungen. Das Meer an dieser Bucht scheint heimtückischer geworden zu sein, seit die Pharaonin das letzte Mal mit ihrem römischen Geliebten Marcus Antonius hier gewesen ist. Dafür erinnert jetzt eine sandsteinfarbene Büste aus Beton an der Zufahrt an die Königin von einst. »Sie war oft hier, ein paarmal in jedem Sommer«, bekräftigt Rachid, der sich als Strandhändler diesen Abschnitt ausgesucht hat und in seinem Sortiment Uhren, Sonnenbrillen, gerollte Papyrusbildchen und Miniobelisken aus Alabaster für ein paar ägyptische Pfund führt. »Aber sie sah ganz anders aus, viel besser als diese Büste. Der Kopf war nicht so lang, viel runder, dazu das Lächeln viel strahlender«, schwärmt er. Woher er das wissen will? »Die Väter meines Großvaters haben sie gekannt und ihren Nachkommen beschrieben. Meine Familie war schon immer an dieser Bucht zu Hause.« Rachid scheint selber nicht ganz an seine Geschichte zu glauben – und bietet schnell dreißig Prozent Rabatt auf jeden Alabaster-Obelisken: »Weil du Kleopatra so magst!«

Auf insgesamt nur rund zweihundertfünfzigtausend Einwohner bringt es die gesamte ägyptische Westküstenprovinz, die sich über El Alamein und Marsa Matrouh auf über fünfhundert Kilometern bis zur libyschen Grenze erstreckt. Besonders viel Platz gibt es noch zwischen El Alamein und Marsa Matrouh, wo viele Dutzend Strandkilometer unbebaut sind. Manche dieser Abschnitte allerdings sind bis zum Ende der letzten Aufräumungsarbeiten gesperrt: weil dort noch immer Minen deutscher, italienischer und englischer Truppen aus dem Zweiten Weltkrieg vermutet werden.

... *AUF DJERBA*
DEN LEUCHTTURM
ANKNIPSEN

Zielflughafen: Djerba
Airport-Code: DJE
Hängenbleibegrund: Ganz und gar freiwillig

Irgendwer hat das Licht im Leuchtturm von Ras Tourgueness angeknipst und den Mond gehisst. Der Wind hat sich gelegt, nur ein mildes Lüftchen zurückgelassen. Die Surfer haben längst Feierabend gemacht, Strandsegler gibt es weit und breit nicht. Zwischen den Dünen knistert jetzt ein Lagerfeuer. Drei junge Einheimische haben es entfacht, gleich hinter dem Stall. Tagsüber vermieten sie hier ihre Araberpferde zum Ausritt entlang des kilometerlangen Nordküstenstrands von Djerba. Jetzt genießen sie den Abend unterm Sternenhimmel, haben ein paar Fremde eingeladen, schlagen auf Tamburine, singen, servieren süßen Minztee und Gebäck: Es wird Nacht auf Afrikas größter Mittelmeerinsel vor der Küste Tunesiens, und diesmal hat die Nacht Klänge, Geruch und Geschmack. Nur die Farben fehlen, ehe die Sonne frühmorgens wieder über die Dünen klettern wird, nur noch die letzte Glut des Lagerfeuers glimmen und auch der Leuchtturm auszuglühen scheint. Bis zur nächsten Nacht. Bald werden die Pferde gestriegelt, alles wird für den Tag gerichtet – da sind die ersten Jogger bereits wieder zurück auf dem Heimweg in die Ferienhotels hinter

TUNESIEN

◎ Djerba

den Dünen. Früh starten sie zur Morgenrunde über den Strand, um der Hitze des Tages zuvorzukommen. Und sich gleich danach als Erste an den Frühstücksbuffets der Hotelrestaurants stärken zu können.

Selbst in den Sommermonaten bleibt hier viel Platz an den Stränden, sie sind breit und lang. Später in der Nebensaison kommen die, die den Sommerrummel in den Hotelanlagen und Animation nicht so mögen und endlose, einsame Strandspaziergänge lieben und Ausschau halten nach den Lagerfeuern in den Dünen: links das Meer, weiter rechts Dattelpalmen- und Olivenhaine und die dann nicht mal halb vollen Ferienhotels. Und auf dem Rückweg alles seitenverkehrt.

... *AUF SAN PIETRO*
INSELCHEN VOR
SARDINIENS SÜDKÜSTE

Zielflughafen: Cagliari
Airport-Code: CAG
Hängenbleibegrund: Fähre zurück nach
Sardinien überbucht

Am Ende musste er an Deck der Jacht essen, mit der er gekommen war. Dabei hätte Antonello Pomata ihm gerne geholfen und konnte trotzdem nur mit den Schultern zucken: »Kein Tisch frei diesen Abend, nicht mal ein Stuhl. Und an den nächsten fünf, sechs Abenden auch nicht.« Nicht mal für Tom Cruise mit Gefolge. Alles reserviert. Wie immer im August, wie üblich um diese Jahreszeit im besten Restaurant von Carloforte auf der Insel San Pietro gut sieben Kilometer vor der Südküste Sardiniens.

Ins »Da Nicolo« in vorderster Linie mit Blick auf den Jachthafen kommen sie alle: die, die dann doch ganz gern gesehen werden wollen und die, die darauf gut verzichten können und einfach nur sehr gut essen möchten – unter Palmen und Platanen, zwei Schritte von der Hafenzeile aus alten Fischerhäusern, fünfzehn Schritte vom Mittelmeer.

Italienische Fußballstars kehren hier ein, die Fiat-Besitzerfamilie Agnelli, der Bulgari-Juwelen-Clan – und viele mehr, an die Antonello und sein Vater Nicolo sich aus Diskretion gar nicht erst erinnern. Die meisten von denen

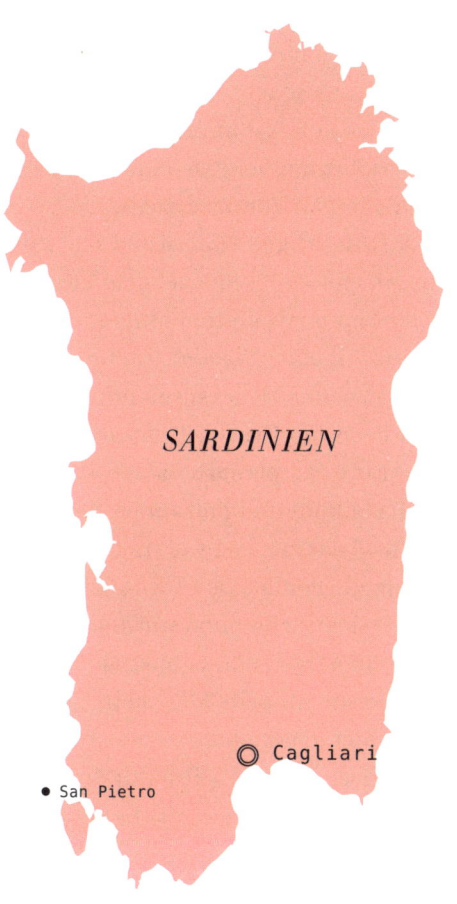

SARDINIEN

◎ Cagliari

● San Pietro

reisen mit einer Jacht an, und alle reservieren zur Sicherheit vorher. Und da gilt völlig unabhängig von etwaiger Berühmtheit: Wer zuerst kommt, der mahlt zuerst.

Wichtig ist das ohnehin nur im August, wenn ganz Italien zeitgleich Urlaub macht. In allen anderen Monaten ist viel weniger los und fast immer auf Anhieb ein Tisch im »Da Nicolo« zu bekommen. Aber offenbar hat niemand Mister Cruise davon im Voraus erzählt.

Nachdem der Mann aus Hollywood am Eingang im Stehen in die ausgehängte Speisekarte geschaut hatte, mochte er nicht mehr woanders hingehen oder sieben Tage auf einen Sitzplatz warten. Er bestellte einfach außer Haus: Filet vom St. Petersfisch mit Babykartoffeln, Rinderfilet mit Pecorino-Kruste, Tempura-Crêpes gefüllt mit Muscheln und Scampi, dazu Salate und Mozzarella-Tomaten mit Basilikum und Balsamico. Leider war kein Kellner frei, um all das zur Jacht zu tragen. Zu viel los um diese Zeit. Antonello Pomata tat es wirklich leid. Cruise & Co schleppten deshalb selber und wirkten sogar so, als ob sie durchaus Spaß daran hätten. Spät am Abend konnte Antonello immerhin ein paar Mitarbeiter schicken, um das Geschirr wieder abzuholen.

Fast überall sonst in der Welt hätte der Wirt andere Gäste ausgeladen oder von irgendwoher ein paar zusätzliche Möbelstücke organisiert, wenn ein Hollywoodstar vor der Ladentür steht. Hier nicht. Nicht aus Bosheit, schon gar nicht aus Arroganz. Einfach aus Bodenständigkeit. Und weil nun mal alles reserviert war. »Wissen Sie«, sagt Antonello, während er nach der kleinen Geschichte wieder seine große Hornbrille mit den schwarzgrünen Bügeln aufsetzt, »die Insel San Pietro gehört zwar irgendwie zu Sardinien, aber wir sind das krasse

Gegenteil der Costa Smeralda, wo die meisten Jachtbesitzer und viele Superreiche unterwegs sind. Wir sind bodenständig, einfach, fern von großer Show.« Er nippt an seinem Glas mit kühlem Vermentino vom einzigen Inselweingut. »Hier interessiert keinen, was der andere zu Hause macht und wer er ist. Ein Millionär? Na und. Ein Werftarbeiter? Warum nicht. Hauptsache, alle sind irgendwie glücklich. Einen Prominentenbonus gibt es auf San Pietro nicht.«

Vierundfünfzig Quadratkilometer groß ist die Insel, weniger als ein Vierhundertstel der Fläche Sardiniens, nur knapp mehr als die halbe Größe von Sylt. Gut sechstausendzweihundert Menschen leben hier, fast alle in der Hauptstadt Carloforte. Fünf Straßen erschließen den Rest der Insel, jede strahlenförmig in eine andere Richtung, und wer von der einen Piste auf die andere will, muss immer erst wieder zurückkommen an den Ortsrand von Carloforte.

Die Gassen hier sind schmal, die Altstadt ist verkehrsberuhigt, und allzu viele Autos gibt es sowieso nicht. Weil Carloforte am Hang liegt, kommen nicht mal die Vespas und Mopeds überall durch. Ihnen sind zu viele Stufen im Weg.

Nur wenige Hotels gibt es, ein paar Pensionen, dreihundert Gästezimmer insgesamt bloß, dazu viele Häuschen, die überall auf der Insel in die Landschaft gewürfelt und meist von dichtem Grün umgeben sind, von Strandhafer oder riesigen Disteln, von Zistrosen und Wacholder, von Aleppo-Kiefern und Steineichen. Meistens gehören sie ebenso wie viele der kleinen Stadthäuser und Eigentumswohnungen Festlanditalienern, die sie als Sommerquartiere nutzen und nur den August hier verbringen. Und höchstes Gebäude, zumindest der Altstadt, ist ähnlich wie in St. Tropez der Kirchturm.

Die betagten Autofähren vom Festland, die fünfunddreißig Minuten für die Überfahrt brauchen, machen ebenso wie die privaten Ausflugsschiffe der Leute mit dem pralleren Geldbeutel direkt vor der ersten Häuserzeile und den Platanen fest – dort, wo von den Balkonen die Wäsche zum Trocknen hängt. Dort, wo manche Fassade mit Blumentöpfen dekoriert ist und die Fahrräder der Kinder nicht weit auf der kleinen Piazza Repubblica an den Holzbänken lehnen. Dort hocken die Alten und plaudern, während manche der etwas Jüngeren entlang des Corso Cavour im Erdgeschoss ihrer schmalen Häuser hinter sperrangelweit geöffneten Holztoren sitzen und von Hand Reusen und Netze flicken. Die Jungen unterdessen kicken zwischen der in hellem Gelb getünchten Kirche und dem kleinen Laden mit den Strandsandalen und den Sonnenhüten an der Piazza. Die Kleineren stehen Schlange an der Eisdiele, wo der Renner der Saison wieder mal Stracciatella heißt. Hausgemacht, natürlich.

Wer zum Strand will, muss ein Stück laufen und erst an der Lagune mit all den Flamingos vorbei – hinaus aus dem Ort Richtung Osten. Denn den einen langen Paradestrand gibt es hier nicht, dafür viele kleine Buchten. So schön wie drüben auf Sardinien! Spiaggia la Bobba zum Beispiel oder Spiaggia la Caletta, der schönste Strand der Insel. Der Sand ist hell, das Wasser klar. Es schillert in schönstem karibischen Türkisblau, als hätte der Liebe Gott klammheimlich einen überdimensionierten Polfilter vor die gesamte Kulisse geschoben. Diesen Nachmittag sind dort fünf Badelaken ausgebreitet, ein paar Ruderboote hoch auf den Strand gezogen. Ganz vorne, wo die letzten Ausläufer der Wellen haarscharf heranreichen, da stecken diesmal zwei Plastikkinderstühle im Sand. Und manchmal schauen von der Seeseite sogar ein paar Delfine nach den Urlaubern an Land.

Ob unterdessen Tom Cruise wiederkommen will? »Weiß nicht«, sagt Antonello Pomata. »Zumindest hat er bislang nicht reserviert.« Dafür war kürzlich Johnny Depp da. Er hat auf Anhieb einen Tisch bekommen. Wie es dazu kam? »Ganz einfach«, sagt Antonello. »Es war Juni. Und da ist es kein Problem.«

... *AUF FOLEGANDROS*
KYKLADEN OHNE DEN
SANTORIN-RUMMEL

Zielflughafen: Santorin
Airport-Code: JTR
Hängenbleibegrund: Erhebliche Fähr-Verspätung

Alles in allem sind es Hunderte. Sie stehen in Zweier-, Vierer- und seltener auch in Sechsergrüppchen herum, auf winzigen Terrassen vor den hölzernen Eingangstüren, unter Pfefferbäumchen auf den Plätzen im Ortszentrum. Und unter Lichterketten. Sie sind hellgrün, hellblau, über die Jahre ein paarmal übermalt, fast alle mit Geflecht bespannt. Und fast jeder wackelt auf dem alten Pflaster von Chora: all die vielen Stühlchen der Tavernen der Insel Folegandros. So muss es sein, so gehört es, so soll es sich anfühlen. Und wer außerhalb von Juli und August auf der kleinen Kykladeninsel ist, kann sich nicht vorstellen, dass sie jemals alle zeitgleich besetzt sein könnten.

Denn eigentlich ist Folegandros still, viel ruhiger als die fünfundvierzig Fahrtminuten mit der Katamaran-Expressfähre entfernte und dreimal so große Insel Santorin. Sogar so etwas wie ihr Gegenentwurf. Folegandros muss ohne Flughafen auskommen, die Anreise gestaltet sich aufwendiger, zeitraubender, ein ganz kleines bisschen strapaziöser. Das führt dazu, dass ein ganz anderes Publikum kommt: Die Europe-in-a-week-Chinesen und -Ame-

GRIECHENLAND

● Folegandros
◎ Santorin

rikaner, die Hochzeitsreise-Japaner, die Wochenendtrip-Urlauber aus Mitteleuropa – sie alle tummeln sich auf Santorin, feiern dort jeden Sonnenuntergang mit Applaus und einem Cocktail in der Hand, manchmal mit Gejohle, schieben sich durch die Gassen zwischen schneeweißen Häuschen am Hang mit blauen Fenstern hindurch. Folegandros sieht kaum anders aus, weniger herausgeputzt und zurechtrenoviert bloß. Es ist mehr Platz für den Alltag geblieben, für kleine Krämerläden und die Altstadtbäckerei, mehr Zeit fürs Plaudern und für einheimische Kinder, die in den Gassen mit Girlandendeko Geburtstag feiern. Die Fremden, die hierherkommen, bleiben ein oder zwei Wochen. Wer nicht in Eile erlebt, genießt entspannter – und strahlt das aus. Deshalb ist es um so vieles stiller.

Um all die Stühlchen gibt es keinen Wettstreit: Es sind reichlich vorhanden – jeden Morgen zum Frühstück, wenn Joghurt, frisch gepresster Saft und Obst aufgetragen werden, dazu Weißbrot und Ziegenkäse von der Insel. Später, zum Mittagessen unter freiem Himmel, wenn es nach Fleisch, nach Kräutern riecht. Abends, wenn auf den Grills der Tavernen der frisch gefangene Fisch des Tages brutzelt. Und nachts, wenn irgendwer die Gitarre rausgeholt hat und ein anderer dazu singt.

Wer hier den schönsten Sonnenuntergang erleben will, klettert in der Stunde davor die Stufen des Serpentinenweges zur Panagia-Kirche ein paar Dutzend Meter abseits und hoch über Chora hinauf, hockt sich dort auf die Umfassungsmauer – und wartet, bis sich der Himmel verfärbt und der Feuerball Richtung Ägäis sinkt. Auf Folegandros begehen sie den Sunset als Ereignis, nicht als menschengemachten Event. Fast immer ohne Applaus, ohne Extrovertiertheiten. Sie saugen ihn auf, tragen ihn anschließend in sich, bewahren das Bild davon, die Atmosphäre. Und wer irgendwem gerade etwas sagen möchte, während die Sonne versinkt, der flüstert es hier oben. Nur die drei Esel auf der Weide gleich nebenan halten sich diesmal nicht daran und rufen in ihrer Sprache etwas dazwischen, das »Guck mal« oder »Och, wie schön!« heißen könnte.

Ganz unerkannt sind im Sommer regelmäßig zwei Herren auf dem Plateau der Kirche mit dabei, die all das besonders zu genießen scheinen – wahrscheinlich, weil es so enorm griechisch aussieht, sich so anfühlt. Und wahrscheinlich auch, weil es für jemanden wie sie kein intensiveres Heimatgefühl geben kann als in solchen Momenten und bei diesem Ausblick über quaderförmige Häuschen in Weiß, über Kirchenkuppeln und Klippen aufs Meer zu schauen. Es sind die Söhne des letzten Königs von Griechenland, die Prinzen Pavlos und Nikolaos. Sie verbringen den Urlaub mit ihren Familien gerne auf Folegandros.

Die Insel ist je nach Jahreszeit hellgrün oder rotbraun, Chora ist weiß – und alles drumherum und obendrüber ist sowieso blau. Das sind keine schlechten Aussichten. Und die Stühlchen gibt es übrigens auch in Rot, in Gelb, Braun und Weiß.

Der schönste Platz auf Folegandros? Insel-Pope Panagiotis weiß die Antwort. Er muss es wissen, denn der Mann mit dem grauen Bart und den gütigen Augen, der mal Friseur war, ehe er den Himmel als Betätigungsfeld entdeckt hat, ist hier geboren. »Der schönste Platz ist nah bei Gott«, sagt er. Und wo jemand diese Nähe findet, das ist ganz individuell: »In meiner Kapelle in der Ortschaft Ano Mera zum Beispiel. Ich habe sie zu Ehren der heiligen Methodia errichtet. Eine von fünfundneunzig Kirchen und Kapellen auf Folegandros.« Und noch einen Lieblingsplatz hat er – den zweitliebsten: »Am Strand von Ambeli – dort, wo die Schotterstraße zu Ende ist, mitten in der Natur.« Er hat dort ein Häuschen mit kaum mehr als einem Bett darin. Und einem Gärtchen drumherum. Dort geht Panagiotis mit seiner Frau schwimmen – und dort sitzen sie gerne bei nichts als Sternenbeleuchtung und lauschen der Musik, die der Wind über den Decks vorbeifahrender Kreuzfahrtschiffe mitgenommen hat und über dem Strand wieder fallen lässt. Chora mit all den Stühlchen ist dann weit weg. Ob sich etwas geändert hat seit seiner Kindheit auf Folegandros, das er als nachteilig empfindet? Er überlegt lange und lächelt milde: »Jetzt gibt es mehr Straßen. Da muss man vorsichtiger sein. Vor sechzig Jahren waren es nur Pfade, und wir kannten jeden Stein.«

Am Ortsrand von Chora hat derweil jemand eine moderne Lounge eröffnet – chillig, irgendwie großstädtisch, mit hellen Allwettersofas, über denen bassbetonte Musik aus versteckten Boxen plumpst. Der Wirt sitzt dort diesen Nachmittag ganz alleine unterm weißen Sonnensegel und fummelt gedankenverloren an seinem Smartphone herum. All die anderen hocken lieber ein paar Schritte weiter auf alten Stühlchen in Hellgrün und Hellblau – und freuen sich, wenn die auf unebenem Pflaster ein bisschen vor sich hin wackeln. Das passt besser hierher. Es ist das Lebensgefühl von Folegandros.

... *AUF MYKONOS*
BEVOR DIE PARTY
LOSGEHT

Zielflughafen: Mykonos
Airport-Code: JMK
Hängenbleibegrund: Der Wind, die Luft,
die Sonne, die Tavernen

Diesen Morgen war es ungewöhnlich laut in der Gasse im Kástro-Viertel von Mykonos-Stadt. Die Sonne war gerade erst aufgegangen und es hat so etwas wie »plokk« gemacht. Eine Orange war in einem der Altstadtinnenhöfe vom Baum gefallen und auf die Terrakottafliesen geschlagen. Normalerweise ist es leiser, normalerweise ist es um diese Zeit nicht so unruhig. Ein paar Vögel sangen dazu, und von irgendwo aus der Ferne drang Gitarrenmusik aus einem geöffneten Fenster über die schneeweißen Altstadtflachdächer.

Noch ist es angenehm still auf Mykonos, der Party-Insel der Kykladen. Die Einheimischen sind fast unter sich, haben nur ein paar Fremde zu Besuch, die die ruhige Seite dieses Eilands eine halbe Flugstunde südöstlich von Athen erleben, mit den Tavernenwirten und den Fischern plaudern wollen.

Die Kreuzfahrtschiffe, von denen an manchen Sommertagen vier oder fünf gleichzeitig auf Reede vor der Insel liegen und in Beibooten Abertausende Passagiere anlanden, sind noch nicht da, schippern noch in der Karibik

GRIECHENLAND

◎ Mykonos

oder sind gerade auf Überführungsfahrt ins Mittelmeer. Von Menschenmassen in den Altstadtgassen ist noch keine Spur, niemand vor den Schaufenstern der schrillen Designer und der Souvenirshops, manche Ladentür noch verschlossen, die Auslagen sind noch nicht neu dekoriert. Zwei schwarze Katzen sonnen sich diesen Vormittag neben einem Pflanzkasten voller Geranien, und niemand stört sie beim Träumen.

Im Sommer scheinen Einheimische seltsam herausrenoviert aus dem Alltagsbild der Insel. Jetzt, in der zweiten Aprilhälfte, ist das anders. »Der frische Fisch auf Mykonos«, erzählt einer der Köche am Hafen, »kommt im Sommer im Kühllaster mit der Fähre aus Athen. Aber jetzt schmeckst du, dass mein Schwager die Dorade heute Früh gefangen hat. Du schmeckst, dass der Tintenfisch von hier ist. Und dass du ihn nirgendwo frischer bekommen wirst – gebraten mit Kräutern und Gewürzen aus Mykonos.« Nicht schlimm, dass es nachts laut ist. Dass mal eine Orange herunterfällt und es »plokk« macht. Gar nicht schlimm.

... *AUF SKOPELOS*
URLAUB
UNTER GRIECHEN

Zielflughafen: Skiathos
Airport-Code: JSI
Hängenbleibegrund: Zu schön, um gleich wieder
weiterzureisen

Draußen flattert die Wäsche der Nachbarn im Morgenwind auf der Leine. Aus einem Radio wehen leise Strophenfetzen von griechischen Schmachtschlagern herüber. Der Sternenhimmel ist Vergangenheit, der Abend in der Taverne, der Geruch nach gegrilltem Fisch, die Gitarrenmusik, die vielen entspannten Gesichter, das Plätschern der Wellen an der Kaimauer von Skopelos-Stadt bei Dunkelheit: alles Geschichte. Fürs Erste. Wie gut, dass all das einen Dreivierteltag später wieder auf dem Spielplan stehen wird.

Inseln fühlen sich anders an, wenn sie keinen Flughafen haben. Wenn man erst noch anderswo aufs Boot umsteigen muss und erst recht, wenn das auch noch im Ruf steht, keineswegs immer pünktlich zu sein. Die ganz Eiligen kommen dann nicht – außer sie besitzen zufällig eine eigene Jacht und machen damit fest. Wer herkommen will, muss erst nach Athen oder Thessaloniki, dann auf die kleinere Schwesterinsel Skiathos fliegen, von dort das Schiff nehmen und noch mal eine Dreiviertelstunde über die Wellen rauschen.

GRIECHENLAND

Skiathos ◎ • Skopelos

Und als sollte all das noch unterstrichen werden, gibt es im Hauptort Skopelos-Stadt kaum Straßennamen, keine Hausnummern, nur so etwas wie »erste links neben der Taverne mit der hellblauen Markise, dann zweite rechts, das weiße Haus mit der dunklen Holztür und der Bougainvillea«. Das hat immer gereicht, um am Ende zu finden, was man sucht.

Die Insel Skopelos ist grüner als die Nachbareilande. Wanderer stapfen auf schmalen Sandwegen durch die Berge, durch Olivenhaine und können in Klöstern Station machen. Was sie von fast überall sehen? Das Mittelmeer. Und manchmal auch das Boot mit den Neuankömmlingen, mit dem nächsten Schwung Teilzeitaussteigern.

... *AUF ATHOS*
EINREISE NUR MÄNNERN
GESTATTET

Zielflughafen: Thessaloniki
Airport-Code: SKG
Hängenbleibegrund: Nach zwei Nächten das Boot
in Ouranopolis verpasst

Es ist noch dunkel, als das erste Mal diese dumpfen Schläge durch den Korridor hallen und von den jahrhundertealten Wänden hin und her geworfen werden. Das Echo schleppt sich durchs ganze Kloster Simonos Petras. Geheimnisvoll klingt das, fast geisterhaft: Ein Mönch ist schuld. Er schlägt traditionell die Stundentrommel, das Simandron, und ruft so zum ersten Gottesdienst des neuen Tages – ein Weckruf für seine Brüder und ebenso für die Pilger in den Schlafsälen.

Seit tausend Jahren ist die als autonome Mönchsrepublik organisierte Halbinsel Athos mit ihren dreihundertsechsunddreißig Quadratkilometern in Nordgriechenland nur Männern zugänglich. Jeder muss eine Einreisegenehmigung beantragen, die für Nicht-Orthodoxe an strenge Auflagen gebunden ist. Nur maximal vier Tage dürfen sie bleiben, nur zwölf Männer pro Tag bekommen so einen Passierschein. Nur über den Athos-Hafen Ouranopolis dürfen sie einreisen, und vor Sonnenuntergang müssen sie eines der zwanzig Klöster als Übernachtungsstätte aufgesucht haben. Hotels, Pensionen, Privatquar-

Thessaloniki

● Athos

GRIECHENLAND

tiere – all das gibt es nicht. Und von Sonnenuntergang bis zum nächsten Aufgang bleiben die großen Klostertore verschlossen. Zugleich gilt noch immer der julianische Kalender, der anderswo vor fast einem halben Jahrtausend durch den gregorianischen abgelöst wurde und diesem mittlerweile dreizehn Tage hinterherhinkt.

Was das Erlebnis Athos ausmacht? Die Landschaft, die Architektur der Klöster, all die Kunstschätze – alles längst mit UNESCO-Welterbestatus. Vor allem aber diese selbst gewählte und geradezu zelebrierte Weltabgewandtheit. Und die gewisse Fassungslosigkeit darüber, dass es so etwas heute tatsächlich gibt – und dass es funktioniert. Was fehlt? Es sind Frauenstimmen. Und es ist das Lachen von Kindern.

... *IN VENEDIG*
WENN ÜBER NACHT
DAS HOCHWASSER KOMMT

Zielflughafen: Venedig
Airport-Code: VCE
Hängenbleibegrund: Hochwasser

Einen Abend zuvor noch hatten Menschen in Jacken und Schals gehüllt unter Heizstrahlern bis in die Nacht hinein an den im Freien aufgestellten Tischen vor den Restaurants im Cannaregio-Viertel gesessen und gegessen. Vierzehn Grad warm und sonnig war es an dem Wintertag, sechs Grad waren es zu später Stunde. Der Vollmond beleuchtete den Spinatsalat mit geriebenem Käse und die hausgemachte Lasagne. Ein paar Häuser weiter standen junge Leute mit Weingläsern in der Hand vor einer Bar am Kanal. Und dreißig Zentimeter von ihnen entfernt schipperte ein kaum beleuchtetes Wassertaxi im Schritttempo vorbei Richtung Lagune. Aus einem Fenster im ersten Stock drang klassische Musik, zwei Häuser weiter hing Wäsche zum Trocknen aus dem Fenster.

Doch in der Nacht kam plötzlich das Hochwasser. Sirenen weckten die Anwohner, sie verrammelten die Haustüren mit halbhohen Metallwänden, damit die Lagune nicht bis ins Wohnzimmer schwappt. Sie wuchteten Bretter und Metallgestelle, bauten Stege in manchen Gassen auf. Und jetzt ist auch noch der Regen da. Bleigrau und schwer hängen die Wolken über der Lagunenstadt. Sie

ITALIEN

◎ Venedig

haben die Wintermelancholie nach Venedig mitgebracht, das Bühnenbild auf einen Schlag verändert.

Schlimm ist das nicht – eher im Gegenteil. Denn das Grau hat etwas Geheimnisvolles, das Hochwasser etwas Endzeitlich-Unwirkliches, die Stadt plötzlich ein ganz anderes Gesicht. Eines, dem man sich nicht entziehen kann. Eines, das einen immer weiter laufen und selbst die abgelegenste Gasse erkunden lässt, so sie denn noch irgendwie zugänglich ist: gestrandet in einer Stadt auf Stelzen.

Die vielen Kanäle treten in einem Tempo über die Ufer, dass man dabei zuschauen kann. Vertäute Boote hebt es dorthin, wo eben noch Land war. Sie schwimmen auf den gepflasterten Fußwegen. Sogar aus den Gullis quillt die Lagune und flutet die Plätze. Es ist, als wollte Venedig versinken, als holte die Lagune sich die Fläche zurück, die die Stadt auf Stelzen bis dahin eingenommen hatte. Und als sollte dieser Untergang sehr schnell, fast lautlos und vor aller Augen vonstattengehen.

Im Winter gehört all das dazu. Das Grau, Regen oder Nebel, das Hochwasser. Es gibt Leute, die genau deswegen hinfahren – welche, die meinen, Venedig habe in jenen Monaten mehr Tiefe, biete mehr Raum für Gedanken als im Sommer, wenn sich die Touristenmassen von früh-morgens bis spätabends unaufhörlich durch die Straßen schieben und Venedig zu viel von Disneyland und Jahrmarkt habe.

In Venedig ist Hochwasserzeit von November bis März, wenn Adriastürme das Wasser immer wieder in Richtung Lagune drücken. Seit das Fluttorsystem Mose im Jahr 2021 in Betrieb genommen wurde, sind die Hochwasser in der Lagune schwächer geworden. Voraussetzung ist, dass die Tore rechtzeitig und vollzählig geschlossen werden. Die höchsten Wasserstände der Vergangenheit lagen – wie zuletzt 2019 – bei bis zu knapp einem Meter neunzig über dem normalen Niveau. Bei kleineren Hochwassern mit »nur« einem Meter wird Mose nicht aktiviert – der Markusplatz ist dann dennoch überschwemmt.

Wenn sich die zahllosen Brücken nur mühsam aus dem Morgennebel schälen, von entgegenkommenden Passanten nur die Schritte zu hören sind und erst kurz vor der Begegnung Konturen sichtbar werden. Es ist, als ob das Wasser überall wäre – vom Himmel fiele, in der Luft hinge. Und trotzdem fühlen sich diese Augenblicke nicht bedrohlich an: weil sie Alltag für die Einheimischen sind und die mit größter Selbstverständlichkeit damit umgehen.

Auch die Linienboote sind unterwegs wie eh und je, die Schaufenster der Boutiquen erleuchtet, die Stände auf dem Rialto-Markt geöffnet, wo Venezianer morgens frischen Fisch und Gemüse einkaufen gehen und Touristen selbst im Sommer in der Unterzahl sind – obwohl die berühmte Rialtobrücke nur dreißig Schritte entfernt ist.

Die Venezianer sind winterliche Wetterunbilden gewohnt, ziehen Gummistiefel an, nehmen beim Morgenspaziergang die Schoßhündchen ein paar Dutzend Meter weit auf den Arm, bis sie wieder höhergelegenes Terrain erreicht haben. Die Geschäftstüchtigsten verkaufen so etwas wie kniehohe Müllsäcke mit Schnürzug und Plastiksohle als simpelsten Gummistiefelersatz an die schlechter ausgestatteten Fremden. Die Westafrikaner, die sonst falsche Markenhandtaschen und nicht minder unechte Uhren auf dem Markusplatz verramschen, haben das Sortiment über Nacht umgestellt auf zusammengefaltete

Miniregenschirme für sieben Euro ganz ohne geklautes Logo und machen bessere Geschäfte als sonst.

Wasser überspült einen Moment lang die Gondel, reicht bis weit über die Hüfte des Gondoliere, übersteigt sogar die komplette Häuserzeile im Hintergrund – bis der nächste Schritt gesetzt ist, der Gummistiefel mit der aufgedruckten Venedig-Ansicht auf dem Schaft den Schritt auf die Türstufe eines Restaurants hinterm Markusplatz gemacht hat und im Trockenen steht: Solche Motivgummistiefel sind plötzlich der Renner – und sofort ein Ladenhüter, sobald sich das Wetter wieder bessert. »Wir Schuhverkäufer«, lacht einer aus der Ladentür im San-Marco-Viertel, »sind bei Winterwetter die Gewinner. Ich bete jeden Tag für Regen und Hochwasser«, sagt er und seine Mundwinkel verraten, dass er es doch nicht ganz ernst meint.

Die echten Gondeln auf dem Canal Grande tragen derweil dunkelblaue Plastikkapuzen über ihren samtbezogenen Sitzen. Ihre Gondolieri drängen sich in einer Bar am Ufer, trinken Cappuccino und warten auf die für den Nachmittag angekündigte Rückkehr der Sonne. Nur ein koreanisches Pärchen kann nicht warten und möchte unbedingt jetzt zur Rundfahrt starten – mit Abgesang und Erinnerungsfoto.

Warum Lorenzo della Toffola das Winterhalbjahr so mag? »Weil weniger zu tun ist als im Sommer. Keine Hektik. Und weil ich dann zwei, drei Wochen in Urlaub fahren kann.« Der Mann arbeitet auf der Gondelwerft Squero di San Trovaso – eine von nur noch zweien in Venedig. Hauptsächlich leben Lorenzo und seine Leute vom Reparaturgeschäft. Und da gilt in der Hochsaison stets »schnell, schnell«, damit jedes beschädigte Boot umgehend wieder in Fahrt gehen und Geld einspielen kann.

Auch die Kellner haben nun endlich Zeit für einen Plausch mit den Gästen, für ein freundliches Lächeln zwischendurch, der Koch für eine noch liebevoller gegrillte Dorade, für perfekte Pasta und all das, was sonst manchmal auf der Strecke bleibt: ganz unabhängig davon, ob gerade Hochwasser ist, ob es regnet, Nebel zwischen den Häusern klebt oder die Sonne scheint.

Irgendwann diesen Nachmittag brummt wieder ein Motorboot, eines dieser sündhaft teuren Wassertaxis, durch den Seitenkanal, wo gestern die Leute mit Weingläsern standen: ein gutes Zeichen, der Pegel muss gefallen sein. Haarscharf passt das Boot wieder unter der Brücke hindurch. Der Wind hat die Wolken Richtung Adria weggeschoben. Das Wasser verschwindet wieder in den Gullis und es ist, als ob der düstere Vorhang aus Regen und Nebel mit in den Untergrund gesogen würde – und als ob die Sonne diese Stadt nun wieder wie hydraulisch aus dem Morast empor zöge. Golden leuchten plötzlich die Fassaden der kleinen Handwerkerhäuser im Cannaregio-Viertel, von denen mehr und mehr als Ferienhäuser vermietet werden. Majestätisch strahlen die prachtvollen Palazzi ein paar Gehminuten weiter am Canal Grande. Und plötzlich ist diese Hauptverkehrsader durch die Stadt voller Gondeln, als ob es Nachholbedarf gäbe. Vor ersten Restaurants stehen schon wieder Tische im Freien. Ein Kellner schafft bereits Heizstrahler und Öllampen herbei – damit es draußen nicht zu kalt wird. Und damit nachher der Spinatsalat richtig beleuchtet ist.

... IN DEN SCHÄREN
VON VÄSTERVIK
OSTSCHWEDENS INSELWELT

Zielflughafen: Kalmar
Airport-Code: KLR
Hängenbleibegrund: Der Außenborder des
Motorboots zum Festland wollte einfach nicht
anspringen, der Reparaturservice arbeitete
bereits mit Warteliste

Der Mann ist ein Störenfried. Seinen Namen weiß keiner. Er sagt nichts, will nichts, er fährt einfach am Morgen des vierten Tages in gut dreihundert Metern Entfernung an der Insel vorbei. Er navigiert nach sonstwo, interessiert sich nicht für die Menschen am Frühstückstisch auf der Veranda, Knäckebrot und Räucherlachs, das Haus, den mitgereisten Hund. Aber er bringt längst vergessenen Krach mit, etwa zwei, drei Minuten lang – zum ersten Mal Sound aus der Zivilisation seit einer halben Woche. Dann ist er mit seinem Boot wieder außer Hörweite.

Der Außenborder des Unbekannten ist das erste Geräusch aus der Gegenwart, das auf der Robinsoninsel Hamnö in den Schären weit draußen vor Loftahammar ankommt. Ansonsten existiert sie weit außerhalb der Zeiten, inmitten größter Ruhe, fernab aller Hektik.

Rund tausend Inseln gibt es hier gut zweihundert Kilometer südlich der schwedischen Hauptstadt Stockholm, etwa hundertfünfzig Kilometer nördlich der Küstenstadt

SCHWEDEN

● Västervik

◎ Kalmar

Kalmar – manche einen Steinwurf voneinander entfernt, andere durch ein paar Hundert Meter Wasser getrennt. Zwischen ihnen schwappt die Ostsee, pustet der Seewind, tuckert nur ab und zu mal ein Fischerboot vorbei. Auf manchen dieser Eilande breiten sich nichts als Flechten und Moose aus, wuchert Heidekraut zwischen den Felsen. Auf anderen recken sich ein paar Tannen und Birken in den Himmel, und ab und zu zerrt der Seewind an Wipfeln und Stämmen. Auf wieder anderen stehen ein paar blutrot getünchte Holzhäuschen. Die wenigsten sind dauerhaft bewohnt, fast alle werden nur als Sommerhäuschen genutzt – und manche vermietet: Hamnö ist so ein Fall, eine Robinsoninsel von vierzigtausend Quadratmetern, die – das macht sie so besonders – nur komplett vergeben wird. Mit dem Bullerbü-Wohnhaus und einem Bootshaus. Und mit ein paar kleineren Nebengebäuden dicht beieinander neben dem Fahnenmast auf dem höchsten Punkt des Eilands. Ohne fließend Wasser, mit Gasherd, gasbetriebenem Kühlschrank, mit Kamin im Wohnzimmer, dem Plumpsklo achtzig Meter hinter und mit Pumpe vor dem Haus. Strom gibt es nicht, außer die Sonne hilft aus und speist einen schwächlichen Akku im Hof.

Dafür, dass Teilzeit-Robinsons mitsamt Reisegepäck und sämtlichen Vorräten für ihren Urlaub auf die Insel gelangen, sorgt Freitag. Er heißt in Wirklichkeit Mike, wohnt auf dem Festland und ist gleichwohl die gute Seele von Hamnö. Wer Rat oder Tat braucht, ruft ihn über Handy an – solange der Akku noch Saft hat. Freitag-Mike hat ein flottes Boot, besorgt den Transfer von Loftahammar aus in fünfundvierzig Minuten oder von Flatvarp in nur einer Viertelstunde. Und wenn es sein muss, hat er auch einen Haustürschlüssel fürs gut achtzig Jahre alte

Feriendomizil mit der frisch renovierten Veranda parat. Aber den braucht hier draußen eigentlich niemand. Denn normalerweise ist alles immer offen.

Neuankömmlinge überlegen sich erst noch regelmäßig Verstecke fürs Geld, den Fotoapparat und den Zündschlüssel des gegen Ende des vorigen Lebens auf dem Festland geparkten Autos. Am zweiten Tag sagen sie sich »Was soll's?« und lassen alles offen liegen, wenn sie zum Baden an die flache Bucht auf der Inselrückseite spazieren. Und am dritten Tag lassen sie sogar die Türen offen stehen, wenn sie zum Bootshaus gehen, das inseleigene Schlauchboot klarmachen und einen Nachmittag lang immer nah an der Küste Hamnös entlangpaddeln und Trapper spielen. Hier ist nur, wer hierhergehört. Durch Zufall schaut niemand vorbei.

Tatsächlich kann selbst eine so kleine Insel unwegsam sein und Geheimnisse wahren. Das nördliche Drittel ist so dicht bewachsen, so zerklüftet, dass nicht einmal Pfade hineinführen. Das Wellenrauschen ist allgegenwärtig, die Luft schmeckt nach Salz. Aber es fehlt das Geschrei von Möwen, sogar der Geruch nach Seetang. Hamnö ist inmitten der Natur und fühlt sich gleichzeitig an wie außerhalb der Welt. Dafür imitiert der Pumpschwengel einen Esel. Wann immer man ihn auf und ab bewegt und rostrotes, aber sauberes Wasser aus der Erde hebelt, macht er einen Ton, der wie »iah, iah« klingt.

Was für Tiere hier leben? Wahrscheinlich nur paar Hasen. Ihre Hinterlassenschaften haben sie auf den Felsen verteilt, und manchmal huscht abends einer von ihnen über den Weg zum Bootshaus. Der Mond klebt dann hell wie eine Laterne am Nachthimmel und überstrahlt die meisten Sterne.

Auf dem Gartengrill oder am Gasherd zaubert Familie Robinson aus mitgebrachten Zutaten immer neue Köstlichkeiten. Räucherlachs vom Fischer vier Inseln weiter südlich gibt es mit Honigmarinade, zum Brathering gibt es Salat mit selbst gepflückten Beeren, zum Steak über offenem Feuer gebratene Kartoffeln. Fast alles ist Altbekanntes, aber es schmeckt besser, wenn es mit einfachsten Mitteln zubereitet ist.

Und waren die Felsen anfangs nur etwas zum Darüberhinwegklettern, werden sie bald im Wechsel zu Tisch und Stuhl, irgendwann zu Gartenliegen. Der von der Eiszeit glatt polierte Granit vorm Haus wird sogar mit jedem neuen Tag scheinbar weicher. Moose werden immer gemütlicher, Polster und Liegestühle braucht niemand mehr. Die Natur selber wird zum Zuhause.

Und noch eine Erkenntnis macht sich breit: Schuhe gehören in die Zivilisation. Robinson braucht keine. Auf den Felsen läuft es sich gut mit nackten Füßen. Die Teilzeitaussteiger ziehen sie nur noch an, wenn sie beim Beerensammeln durch stachelige Ranken staksen müssen. Und wenn sie eines Tages wieder ins Boot von Freitag-Mike steigen, den nächsten Gästen Platz machen und zurück in ihr altes Leben übersetzen müssen.

»Oft bringen die Leute ihren Laptop und einen Ersatz-Akku mit und sagen, sie wollen hier in Ruhe arbeiten«, erzählt Mike: »Sie haben anfangs Sorge davor, sich ohne Arbeit, ohne Fernseher, ohne Musik zu langweilen. Es sind dieselben Leute, die sich am Ende des Aufenthaltes dabei ertappen, das Gerät kein einziges Mal angeschaltet zu haben.« Stattdessen erzählen sie plötzlich vom Adler, der auf der Nachbarinsel zu Hause ist und jeden Nachmittag seine Flugshow am Himmel über Hamnö beginnt, von Eichhörnchen, den Wildgänsen und davon, dass es manchmal so klingt, als würde der Wind ganze Sätze formulieren und Geschichten vortragen wollen. Sie erzählen davon, wie sie plötzlich selber gesungen haben und dass sie nächstes Jahr mit Gitarre wiederkommen wollen. Und mit Freunden.

... *AUF CHRISTIANSØ*
AUF BORNHOLMS KLEINER
SCHWESTERINSEL

Zielflughafen: Rønne auf Bornholm
Airport-Code: RNN
Hängenbleibegrund: Das herrliche Augustwetter
und ein unverhofft freies Hotelzimmer

Einmal im Jahr setzt auch der Schornsteinfeger über und bleibt zwei Tage, um auf manche Dächer der in sattem Gelb getünchten Häuser mit ihren knallgrünen Fensterkreuzen zu steigen und den Ruß der Winterfeuer aus den Kaminen zu kehren. Einmal binnen zwei Jahren schaut die dänische Königin offiziell vorbei – mal standesgemäß mit der Staatsjacht, mal nur kurz mit dem Helikopter. Und öfters kommt sie zusätzlich inkognito und bleibt über Nacht.

Sie sind nur ein paar Leute hier. Aber sie bekommen viel Besuch, vor allem im Sommer: weil es so schön ist, so warm, so sonnig, weil die Königin so gern herfährt. Und nach halb fünf Uhr nachmittags ist es trotzdem plötzlich so unfassbar still. Dann ist der Rummel schlagartig vorbei, das letzte Linienschiff wieder auf dem Rückweg nach Bornholm oder mit Nordkurs hinauf nach Simrishamn in Südschweden hinter dem Horizont verschwunden. Dann sind die Tagesbesucher auf dem Nachhauseweg und die zweiundneunzig Insulaner wieder unter sich. Sie schließen die Tür zur Eisdiele ab, schalten die Kaffee-

DÄNEMARK

Christiansø ●

Rønne ◎

maschinen aus, sperren den Kunsthandwerker-Souvenirshop zu und verschwinden wieder in ihren Hängematten zwischen den Obstbäumen, dösen im Liegestuhl unterm Feigenbaum, werkeln im Gärtchen zwischen all den Rosen oder gießen die Weinstöcke an der Hauswand. Oder treffen sich zum Schachspielen im Windschatten der alten Schule auf dem höchsten Punkt der Insel gleich neben der Kirche, die ihre Karriere einst als Munitionslager begann.

Christiansø und Frederiksø sind Dänemarks östlichste Inseln, eher der polnischen Küste vorgelagert als der eigenen, näher an Stettin als an der Hauptstadt Kopenhagen. Die weitaus größere Schwesterinsel Bornholm ist dreißig Fahrtminuten mit dem Expressausflugsboot oder gut anderthalb Stunden mit dem alten Postschiff »MS Peter« entfernt, mit dem alles herantransportiert wird, was auf den beiden Inseln gegessen, getrunken, gepflanzt, gelesen oder sonst irgendwie genutzt wird. Auch das neue Pfannenset für Gastwirtin Charlotte Hallberg Andersen, das Spezialfernglas für Hafenmeister John Anker Nielsen oder das neue Sofa für Inselverwalter Ulrich Longkjær – alles kommt mit dem alten weißen Transportschiff im Fischkutter-Look.

Die beiden Inseln sind zusammengenommen nur sechsundzwanzig Hektar groß – und nur dreißig Meter voneinander entfernt. Eine Brücke überspannt diese Meerenge, und ein Schildchen warnt, dass das Konstrukt maximal zehn Menschen zugleich trage und man im Zweifel lieber einen Moment warten möge.

Die Ertholmene, die sogenannten »Erbseninseln« mitten in der Ostsee, sind die sonnenreichsten und zugleich regenärmsten Flecken Dänemarks. Sie gelten als klimabegünstigt, und fast immer während des Sommerhalbjahrs ist es hier ein paar Grad wärmer als auf dem Festland. Deshalb gedeihen hier Feigen- und Maulbeerbäume, deswegen wächst hier Wein, deshalb wirkt die Flora mit der Vielzahl blühender Gräser so mediterran. Und wahrscheinlich auch deswegen ist das Lebensgefühl so südländisch relaxt.

Während er die Festmacherleinen überprüft, begrüßt Hafenarbeiter Finn Hansen jedes Mal die letzten paar Passagiere mit Handschlag, die vom Schiff »Bornholm Express« steigen. »Das gehört sich doch so«, sagt er und steckt bereits mitten in einer Plauderei, erzählt im Handumdrehen seine Lebensgeschichte. Dass er hier vor über einem Dreivierteljahrhundert zur Welt gekommen sei, als alles drumherum düsterer ausgesehen habe. Dass er sein Leben lang auf Frachtern zur See gefahren und dann hierher zurückgekehrt sei und nun nie mehr einen Fuß woandershin setzen und eines fernen Tages hier bestattet werden möchte: »Mein Mittelmeer ist hier«, sagt er – allen Winterstürmen, aller Januarstille zum Trotz. Insulaner sind heimatverbundener als Menschen vom Festland. Und das gilt offenbar umso mehr, je kleiner das Eiland ist.

Eine Schule gibt es, wo die Kinder bis zur siebten Klasse unterrichtet werden, eine Bibliothek, einen Kaufmannsladen, eine Feuerwehrwache, keinen Arzt, keinen Friseur, keine Apotheke. Und keinen Schornsteinfeger – von zwei Tagen im Juli oder August abgesehen.

Im Sommer riecht es hier nach Meer und nach Weite, nach Seetang und eingelegtem Hering und irgendwie auch nach Honig. Die Luft schmeckt nach Salz und nach Süden. Und so unüberschaubar die Tagesbesucherschar am Hafen kurz nach dem Festmachen wirkt, so sehr verläuft sich jeden Vormittag alles – und so wenig gelingt es, den vierzigtausend Sommergästen, von denen die meisten nur vier Stunden bleiben, hier Unruhe hereinzutragen. Eher im Gegenteil. Denn die Inseln färben ab. Manche der Fremden hocken deshalb schon bald im Schatten der alten Festungs- oder auf den Kaimauern und träumen mit oder ohne Ostseeblick vor sich hin, beobachten Trottellumme, Heringsmöwen und Eiderenten, während andere im Gras liegen und dösen. Wieder andere helfen derweil mit Zurufen und Handzeichen dem Kapitän einer Urlauberjacht mit Heimathafen Rostock beim komplizierten Einparken zwischen Fischkutter und Postschiff, noch ehe Finn Hansen angeschlendert kommt.

Dass die Inseln mal nichts als eine große, auf Geheiß von Dänen-König Christian V. vor gut dreihundertfünfzig Jahren errichtete Festung auf Granitplateaus mit Kaianlagen, Kanonentürmen und Kasernen waren und hier manche Schlacht tobte, daran denkt keiner mehr. Doch noch heute stehen die Erbseninseln unter der Verwaltung des Militärs, das mit einem gewählten Insulanerrat zusammenarbeitet. »Das dänische Verteidigungsministerium heißt Sie herzlich willkommen«, steht dann auch auf einer Tafel am Hafen, an der jeder Neuankömmling vorbeikommt. Die Wohnungen in den einstigen Kasernengebäuden ebenso wie die freistehenden kleinen Häuschen mit den gepflegten Gärten und den granitenen Umfassungsmauern werden alle von der Behörde vermietet oder verpachtet – manche an die zweiundneunzig Dauerinsulaner, andere als Zweitwohnsitz für Dänen von anderswo. Eine lange Warteliste gibt es für diese Objekte. Und auch wer in der Saison eines der nur sechs Hotelzimmer ergattern will, muss rechtzeitig reservieren. Wegen des Blicks über die paar Häuser und die Felsen auf die Ostsee. Wegen des Lichtes, der Luft, der abendlichen Stille. Und wegen des eingelegten Herings.

... *IN DEN DÜNEN BEI HVIDE SANDE* DÄNEMARKS NORDSEEKÜSTE IM WINTER, FERIENHAUSURLAUB ZUR »FALSCHEN« JAHRESZEIT

```
Zielflughafen: Esbjerg
Airport-Code: EBJ
Hängenbleibegrund: Wind, Sand und ganz viel
Gemütlichkeit
```

Er hat aufgehört zu singen. Ganz plötzlich. Irgendwann mitten in der Nacht. Auf einen Schlag ist es still geworden. Niemand drückt mehr gegen die großen Fensterscheiben des Wohnzimmers, rüttelt an den Türen, kriecht um die Ecken des Holzhauses, pustet von oben in den Schornstein des gusseisernen Ofens. Der Sturm hat sich gelegt, der Wind sein Nachtkonzert beendet – so plötzlich wie er es begonnen hatte. Dabei war es gerade so gemütlich geworden, so spaßig sogar, in das Fauchen da draußen erst eine Melodie, dann Worte hineinzuhören. Manchmal schien es, als wollte der Wind das Ferienhaus hinter den breiten Dünen bei Hvide Sande einfach mitnehmen und irgendwo anders wieder absetzen. Er hat es nicht getan.

Es wäre auch schade gewesen, denn da, wo es steht, passt es perfekt hin: drumherum diese sandigen Hügel, an die sich Grasbüschel klammern, dazwischen ein paar Fahrwege, gesäumt von gelben, roten und dunkelblauen Ferienhäusern, in hundertfünfzig Metern Entfernung wie ein lang gezogener Riegel die vorderste Dünenreihe, da-

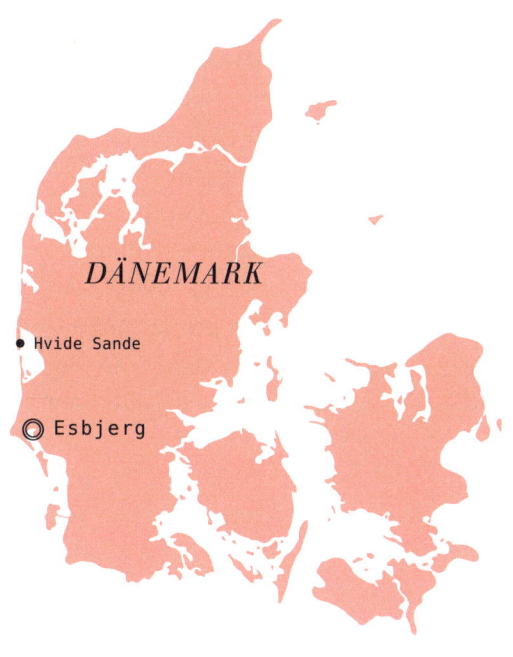

DÄNEMARK

● Hvide Sande

◎ Esbjerg

vor breiter Strand, auf dem die wintergrauen Wogen der Nordsee ausrollen.

Die Hafenstadt Esbjerg ist gut sechzig Kilometer Richtung Süden entfernt und bis hinauf nach Skagen im äußersten Norden wären es von hier aus noch zwei, zweieinhalb Fahrtstunden. Ein gut achthundert Meter breites Band aus Erde und Sand, aus Dünen und Wiesen trennt den Ringkøbing-Fjord von der Nordsee und macht ihn fast zu so etwas wie einem großen See unmittelbar hinter der Küstenlinie. Gut fünfunddreißig Kilometer lang ist dieser Streifen Land, der dem Meer trotzt. Windumtost, wasserumspült, von Stürmen geformt. Die Wurzeln der Gräser und der Kiefern, die sich hier in den Sand krallen, helfen, die Dünen an Ort und Stelle festzuhalten. Seit Jahrhunderten. Und hoffentlich noch für lange Zeit. Gespickt ist dieser schmale Streifen aus grünen Hügelchen mit Ferienhäusern. Sie kauern sich in die Mulden, die Dünentäler, hinter die Kiefernschonungen. Und jedes davon ist nur einen kurzen Spaziergang von der Nordsee entfernt.

Still ist es hier um diese Jahreszeit – außer es schaut gerade mal wieder ein Sturm vorbei. Kaum eines der Häuser ist bewohnt, kaum ein Mensch beim Spaziergang durch die Dünenlandschaft anzutreffen. Ab und zu nur parkt ein Auto mit dänischem oder deutschem Nummernschild in der Einfahrt, aus irgendeinem Schornstein qualmt es, und anderswo ist das Küchenlicht an. Die meisten bleiben dunkel, verschlossen, unbeheizt. An der jütländischen Nordseeküste ist es im Winter fast menschenleer. Keine Spur vom Sommerrummel, von Strandbetrieb und Ferienprogramm, nicht mal vom längst vergessenen Trubel zu Weihnachten und an Silvester.

Beim Fischmann in Hvide Sande ist Zeit für einen radebrechenden Plausch, im Räucherfischladen am Hafen kein Schlangestehen angesagt. Die Krabbenfrikadelle gibt es gleich auf die Faust, das Stück Lachs wird abends mit Honigmarinade in der Ferienhauspfanne brutzeln. Ein paar gute Worte gibt es mit auf den Weg – und ein Stück Räuchermakrele gratis dazu, weil gerade so viele davon da sind.

Erst zu Ostern wird es hier wieder voller werden. Erst dann muss der Krämer an der Landstraße beim Bäcker aus der nächsten größeren Ortschaft Nørre Nebel mehr als die drei Dutzend Brötchen ordern, die jetzt jeden Tag ausreichen, um alle Kundenwünsche zu bedienen. Verloren liegen diese wenigen jetzt in den viel zu großen Flechtkörben hinter seinem Tresen. Zwischen den Regalen in diesem Minisupermarkt wartet noch ein letztes Strandspielzeugset für kleine Kinder – Schaufel, zwei Kuchenformen, eine Harke, als Zugabe eine Frisbeescheibe für zusammen sechzig Kronen, umgerechnet acht Euro. Ein vergessenes Überbleibsel des letzten Sommers. Die Lieferung für den nächsten kommt erst im Mai. Nebensaisonrabatt gibt es nicht. Er ist nicht nötig, denn irgendwer wird das Set im Juli schon kaufen – zum vollen Preis.

Bei den Ferienhäusern ist das anders. Sie kosten jetzt einen Bruchteil der Sommerpreise, schicke Quartiere mit Whirlpool und Sauna zum Beispiel oft nur noch vierhundertfünfzig Euro pro Woche – statt tausendvierhundert im Hochsommer. Wer Abstriche in der Ausstattung macht und nicht die höchsten Ansprüche an die Lage hat, bekommt brauchbare Häuser sogar schon für um die dreihundertfünfzig Euro pro Woche. Besser als Leerstand, sagen sich die Vermieter und nehmen so wenigstens ein bisschen was ein. Bis in den April hinein gelten diese Winterpreise vielfach – wobei die Osterwoche ausgeklammert ist und manches Haus nur während deutscher Schulferien ein bisschen teurer ist.

Renner beim Købmand, dem Kaufmann um die Ecke, sind derweil fertig geschnürte Kaminholzgebinde, die sich draußen an seiner Fassade hoch stapeln – sechs Euro für einen Arm voller Scheite. Damit macht er in dieser Jahreszeit sein Geschäft, nicht mit den Brötchen. Und mit Kerzen, Teelichtern, Duftlampen. Bausteinweise verkauft er so die ersehnte Gemütlichkeit – genau das, was die Winterurlauber suchen.

Der Sturm hat da gar nicht gestört, im Gegenteil. Er kam wie bestellt, um die Ferienhausromantik zu unterstreichen. Ganze Arbeit hat er diese Nacht geleistet, den Himmel aufgeschoben, den Vorhang aus tief hängenden Wolken wie mit einem Ruck beiseitebewegt.

Weil das so ist, können sie jetzt plötzlich alle durch die Glasfront des Wohnzimmers ins Haus hineinschauen: Abermilliarden Sterne, lauter winzige Lichtpunkte am Firmament. Und mittendrin als leicht unscharfer Schleier das Milchstraßenband, das anderswo vor lauter irdischen Lichtquellen und Abgasen längst nicht mehr zu erkennen ist. Manche Ferienhausbewohner sind deshalb kurzerhand wieder aufgestanden. Dick haben sie sich angezogen, sind vors Haus getreten. Weil man diesen Himmel einfach aus der Nähe sehen muss, nicht bloß durchs Fenster. Und weil es plötzlich so still war, dass sie einfach nachschauen mussten.

Am nächsten Morgen sind die Schatten lang. Die Wintersonne steht so tief, dass selbst die Kieselsteine im feuchten Sand lange Schatten werfen. Ein paar Hunde rennen voller Lebensfreude den leeren Strand entlang, jagen Treibgut im Wind hinterher oder zerren an angeschwemmten Tauen, die halb unter dem Sand begraben sind. Die Strandwanderer sind an einer Hand abzuzählen, in Anoraks gehüllt und tief in ihre Wollmützen verkrochen. Wer jetzt hier ist, liebt es so: will sich die Sinne durchpusten lassen, den Akku aufladen, Gedanken nachhängen.

... *AM LOCH LOMOND* IN SCHOTTLANDS WEITEN

Zielflughafen: Glasgow
Airport-Code: GLA
Hängenbleibegrund: Schottischer Nebel

Irgendwo hinter dem nächsten Hügel hat der Wind die Melodie gestohlen, die Dudelsacktöne davongetragen, neu sortiert und anderswo wieder fallen gelassen. Aus der Hymne »Scotland the Brave« vermengt mit ein bisschen Vogelgezwitscher ist zweihundert Meter weiter ein neues Lied entstanden – ein bisschen schräger als zuvor, nicht ganz vollständig, aber trotzdem sehr schottisch. Lange bleibt der Dudelsackspieler unsichtbar, und nur seine Musik kreist diesen Mittag über der Landschaft, als gäbe es so etwas wie einen überirdischen Soundtrack zu dieser Gegend, der jeden Schritt aus dem Off begleitet.

Hinter dem Hügel picknickt eine Familie nicht weit vom Ufer des Loch Lomond – und Papa spielt Dudelsack. Später erzählt der Mann mit dem Lungenvolumen in der Leistungsstärke eines Industriestaubsaugers, dass all das, was so gekonnt wirkt, nicht ganz einfach ist: »Zu Beginn kriegst du keinen Ton raus, und um eine Melodie hinzubekommen, musst du als Neuling sechs bis neun Monate trainieren, jeden Tag eine Stunde.«

Dabei haben die Schotten nicht mal erfunden, worauf sie am liebsten tuten. Vermutlich stammt der Dudelsack

SCHOTTLAND

Loch Lomond ●

◎ Glasgow

aus Kleinasien und wurde dort bereits vor über zwei Jahrtausenden gespielt. Im Mittelalter war er in weiten Teilen Europas verbreitet, und noch heute wird er vor allem in Süd- und Südosteuropa, in Nordwestspanien und Teilen Frankreichs malträtiert.

Das Dumme an diesem Sack ist, dass er nicht fast von alleine Geräusche von sich gibt oder wenigstens mit gewisser Leichtigkeit. Mit bloßer Blockflötenerfahrung und Jogger-Lunge ist dem karierten Ding mit dem Tutrohr bei aller Mühe viele Versuche lang kein halbwegs brauchbarer Ton abzuringen. Leider. Wer üben will, sollte es in Schottland tun. Dort gibt es ausreichend tolerante Nachbarn für so etwas, dort passt auch das Ambiente. Danke jedenfalls, fremder Mann mit Familie, dass du diesen Mittag so unverhofft aufgespielt hast. Es hat so gut in den Moment am Loch Lomond nördlich von Glasgow gepasst.

... *AUF DER BELLE-ÎLE-EN-MER*
DIE SOMMERINSEL
DER BRETAGNE

Zielflughafen: Nantes
Airport-Code: NTE
Hängenbleibegrund: Diese Leichtigkeit –
viel zu schön zum Abreisen

Für ein paar Wochen von Anfang Juli bis Anfang September, scheint es, ist die Insel im Golf von Morbihan Mittelpunkt der Welt und vor allem von jungen Leuten bevölkert. Sie kommen in Scharen auf die kleine bretonische Belle-Île-en-Mer, und mit jedem neuen Sonnenaufgang werden es noch mal mehr. Die Insel ist hip, ist jugendlich, studentisch, fröhlich, entspannt, herzlich, voller Fahrräder, Picknickdecken, Strandtücher, Musik. Es gibt Jongleure auf dem Zeltplatz am Rande der Zitadelle von Le Palais, Gitarrenspieler an den Stränden, Akkordeonklänge spätabends am Hafen, dazu über tausend Saisonkräfte in Bars, Restaurants, Hotels und Eisdielen, von denen kaum jemand älter als fünfundzwanzig ist. Keiner der Musiker spielt für das Geld der anderen, sondern jeder zaubert die Töne einfach so herbei – für sich und für alle, die Lust darauf haben. Belle-Île hat einen eigenen Swing, ein Sommerlebensgefühl, das mitreißt und für ein paar Wochen keine Stürme kennt.

Selbst an der oft so wilden Westküste tuckern jetzt Ausflugsboote in größtem Frieden auf sanfter See entlang,

Belle-Île-en-Mer

Nantes

FRANKREICH

ankern Jachten über Nacht zwischen den Klippen, rekeln sich die Passagiere an den manchmal nur vom Meer aus zugänglichen Stränden kleiner Badebuchten.

Ein paar Indizien dafür, dass es hier in den Wintermonaten anders zugeht, hängen in den Galerien der Inselhauptstadt Le Palais: die Unwettergemälde lokaler Künstler, die mit dem Aquarellierpinsel geschossenen Momentaufnahmen der Nebensaison. So gern man im Sommer hier stranden und einfach länger bleiben möchte, so oft geschieht es im Winter ungewollt. Weil der Sturm die Fähren festhält, hier am Kai von Le Palais oder bereits drüben auf dem Festland. Belle-Île hat zwei Gesichter. Und es ist wie im Leben: Das lachende zieht an.

... *AUF DER DUNE DU PILAT*
AUF DER HÖCHSTEN DÜNE EUROPAS
BEI ARCACHON

Zielflughafen: Bordeaux
Airport-Code: BOD
Hängenbleibegrund: Der Sonnenuntergang

Plötzlich tauchen sie auf dem hundertzehn Meter hohen Kamm des sandigen Naturwunders auf, haben gerade die Hänge der Dune du Pilat vor den Toren von Arcachon erklommen. Eine Jongleurin ist dabei, die Kegel in der Abendluft über der größten Wanderdüne Europas rotieren lässt. Eine Frau im Abendkleid spielt Geige auf diesem vom Wind modellierten Berg aus sechzig Millionen Kubikmetern Sand, während die letzten Strahlen der über dem Meer versinkenden Sonne die Szenerie in geheimnisvolles Licht tauchen. Zwei Männer in Clownskostümen schauen ihr zu. Bald sitzen alle um die Geigerin herum und lauschen reglos. Immer wieder klicken Fotoapparate. Das Grüppchen wirkt dabei wie eine Erscheinung aus einer anderen Welt, wie eine Projektion aus einer anderen Zeit und ist doch Wirklichkeit.

Dabei ist des Rätsels Lösung ganz irdisch. Die kostümierten jungen Artisten sind zu einer Fotoproduktion auf die Düne an der Côte d'Argent gekommen und haben sich im Sandmeer vor dem Hintergrund des Ozeans werbe-

FRANKREICH

◎ Bordeaux
● Dune du Pilat

wirksam in Szene setzen lassen. Anschließend sind sie einfach geblieben. Weil es hier so schön ist.

Jedes Jahr wandert dieser riesige, unwirkliche Sandberg – zwei Komma sieben Kilometer lang, bis zu fünfhundert Meter breit – weiter Richtung Pinienhain, begräbt im Laufe vieler Jahrzehnte nach und nach und Zentimeter für Zentimeter Ferienhäuser unter sich, zwingt die Bewohner anderer Häuser der Umgebung, immer wieder Terrassen, Fensterbänke und Swimmingpools vom Flugsand zu befreien. Als ob ein paar Quadratkilometer Sahara sich an die Küste siebzig Kilometer südwestlich von Bordeaux verirrt hätten.

Längst ist die Dune du Pilat unter Naturschutz gestellt worden. Gleichzeitig ist sie Magnet für Urlauber, die sich im Sommer hier tummeln und auf den Campingplätzen der Umgebung ihren Urlaub verbringen. Und doch ist sie nur ein Symbol: für die weiten Dünenlandschaften, die endlosen Strände der französischen Atlantikküste zwischen Arcachon und Cap Breton. Für ihren Zauber kommt sie auch ohne Artisten aus.

... *IN DEN CEVENNEN*
FRANKREICHS
WILDE BERGE

Zielflughafen: Montpellier
Airport-Code: MPL
Hängenbleibegrund: Auf schmalen
Gebirgsstraßen hoffnungslos verfahren,
Aufsetzer mit dem Unterboden auf
unbefestigter Straße

Der Weg zu den Sternen hat viele Kurven und keinen Mittelstreifen. In endlosen Serpentinen führt er hinauf zum Firmament. Kilometer um Kilometer an düsteren Abgründen entlang, seit einer Ewigkeit begleitet vom Rauschen im Mondlicht fast unsichtbarer Wasserfälle. Er windet sich auf schmalen Straßen durch winzige Dörfer. Fahles Licht fällt Momente lang aus ein paar Fensteröffnungen. Aus einer geöffneten Haustür klingen Chansons, deren Melodien schon ein paar Meter weiter in der Dunkelheit verloren gehen. Und am Ende, viele Windungen später und immer höher, wenn die Sterne durchs Schiebedach ins Auto zu fallen drohen, wird der Asphalt rissig. Nun führt die Piste nur noch an zwei schlafenden Eseln in einem Gatter vorbei in die Hofeinfahrt: endlich angekommen, hoch oben in den Cevennen, gut hundert Kilometer im Hinterland der französischen Mittelmeerküste.

Sind die Autoscheinwerfer abgeschaltet, ist es schwarz neben der massigen, festungsartigen Hauswand der

FRANKREICH

● Cevennen

◎ Montpellier

Herberge. Irgendwo im Rücken klebt der Mond über den Tannen und gegenüber leuchten die Sterne und spannt sich das Milchstraßenband, als hätte der Nachthimmel Abermilliarden winziger hintergrundbeleuchteter Löcher.

Die nächste Stadt ist weit, sogar das nächste Dorf, Industrie ist so etwas wie eine ferne Fiktion. Nichts als Bergwiesen und Wälder spannen sich hier oben auf gut zwölfhundert Metern Höhe über Täler und Berge. Nichts bricht das Licht des Nachthimmels – und eigentlich mag gerade keiner so recht an der Haustür des aus aufeinandergestapelten Natursteinen errichteten Hofes klopfen und das reservierte Zimmer beziehen. Weil hoch über dem Bett eine Holzdecke sein wird, die diesen Blick versperrt.

Aber es hat Fenster – und wie wenn ein Bühnenvorhang weit oberhalb des Dörfchens Génolhac langsam aufgeschoben würde, hebt sich ein paar Stunden später der Morgennebel aus dem Tal, gibt den Blick auf grüne Wiesen frei, löst sich ins Nichts auf, während die Tannen weit im Hintergrund immer mehr zu werden scheinen. Der neue Tag ist da, und von irgendwoher kräht ein Hahn. Die beiden Hofhunde bellen, einer der namenlosen Esel an der Einfahrt antwortet resolut in seiner Sprache.

Weite Teile der Cevennen gut fünfzig Kilometer westlich von Nîmes, sechzig nördlich von Montpellier und hundertzwanzig nordwestlich von Marseille sind als Nationalpark seit 1970 unter besonderen Schutz gestellt. Allein dieser Park bringt es auf gut das Anderthalbfache der Fläche des Saarlands oder des Staates Luxemburg – und umfasst noch nicht mal die gesamten bis zu siebzehnhundert Meter hohen Cevennen.

Dem Tourismus setzt die Natur hier seit jeher enge Grenzen. Straßen führen in der schwer zugänglichen Mittelgebirgsregion noch längst nicht überallhin. Es leben hier zu wenige Menschen, als dass man je vorgehabt hätte, allzu viele Pisten zu bauen – zumal das kein leichtes Unterfangen gewesen wäre. So blieb es bei den schmalen Fahrwegen, die irgendwann an die Abbruchkante aus Schiefer geklebt oder in den Kalkstein gestemmt wurden: vielfach nur anderthalb Spuren breit, ein Parcours für den Geschicklichkeits- und Reaktionstest, wann immer hinter einer der vielen Kurven Gegenverkehr auftaucht. Und fast betet man, es mögen dort diesmal weder Schulbus noch Milchlaster lauern ...

Diese Serpentinen sind zumindest aus Richtung Westen kommend so etwas wie ein Trichter, hindern viele daran, weiter vorzudringen in diese Berge. Von Süden und Osten ist die Anfahrt einfacher. Die Randgebiete der Cevennen sind beliebtes Ausflugsziel – aber je tiefer man sich in den Märchenwald hineinschraubt, je höher hinauf, desto einsamer wird es.

Hotels gibt es bald fast keine mehr, nur noch Pensionen und sogenannte Chambres d'hôtes, die französische Variante des Bed and Breakfast. Das sind Privathäuser mit ein paar Fremdenzimmern – in den Dörfern oder auf abgelegenen Gehöften. Es sind oft Zugewanderte, die die Ruinen von Einödhöfen erstanden haben, zwei Esel anschaffen, mit ein paar Hunden einziehen, die jahrhundertealten Häuser mit viel Herzblut und reichlich Eigenarbeit restaurieren und nebenbei Zimmer vermieten. Abends kochen diese Vermieter für ihre Gäste, tischen in ausgebauten Scheunen oder restaurierten Weinkellern mehrgängig auf: vorweg zum Beispiel saftigen Cevennen-Schinken mit Gemüse aus dem eigenen Garten, dann herzhafte Steaks vom Grill oder mit Lavendelhonig bestrichenes Hühnchenfilet, gebacken mit einem frischen Rosmarinzweig, zum Abschluss Käse aus dem nächsten Dorf. Dazu gibt es leichten Landwein aus den tieferen Regionen.

Auf was man sich dabei einlässt, weiß man bei der Buchung nie so genau. Es hängt ganz von Ideenreichtum und Kochkünsten der Gastgeber ab – und davon, was gerade vorrätig ist. Sicher ist nur eines: Wenn es nicht schmeckt, ist der Weg zum nächsten Landgasthof oder Supermarkt weit.

Wer sich aber auf dem Nachhauseweg den Geschmack der Cevennen kaufen und ihn mitnehmen will, biegt rechts oder links ab, wann immer ein Schild auf den Verkauf hausgemachter Marmeladen oder von Gebirgshonig aus eigener Imkerei auf einem der Höfe, auf Wurstwaren oder Käse aus eigener Herstellung hinweist. Wo das eigene Französisch nicht reicht, wird man sich mit Gesten einig, lacht, probiert, kauft noch mal mehr.

Aus den Felsen gurgeln derweil immer wieder kühle Quellen, spritzt kristallklares Wasser, stürzen Kaskaden talwärts, die wie aus der Fernsehwerbung für Sprudel schillern, über glatte Felsen rollen, über hellgrüne Moose rinnen. An der Wetterseite der Bäume kleben feuchte Flechten, und mitten durch die Wälder winden sich Wanderwege, führen zu kleinen Picknickplätzen an Aussichtspunkten – oder hinab in die Schluchten.

Der Hofhund der Chambre d'hôtes interessiert sich nicht mehr sonderlich dafür. Er ist schon durch so viele Gebirgsbäche getobt, hat unter zahllosen Wasserfällen gebadet, dass ihm jetzt das eigene Revier genügt. Allenfalls eine Erfrischung im Teich gönnt er sich. Schließlich ist er im Dienst, muss die beiden Esel zur Ordnung rufen, den Parkplatz bewachen, neue Gäste lautstark ankündigen, Heimkehrer begrüßen. Ob er nachts auch den Blick auf die Sterne genießt? Wahrscheinlich. Denn dann lässt er sich nicht groß stören, verzichtet aufs Bellen, wedelt nur kurz zur Begrüßung – und scheint gleich wieder in den Himmel zu schauen.

... IN OKZITANIEN
WO FESTUNGEN IN DEN
WOLKEN KLEBEN

Zielflughafen: Perpignan
Airport-Code: PGF
Hängenbleibegrund: Straßensperrung wegen
im Sturm umgestürzter Bäume

Mit einem Mal ist es windstill. Ganz plötzlich. Als hätte der liebe Gott den klemmenden Hebel dafür doch noch in die Aus-Position wuchten und den Sturm einen Moment lang abschalten können. Eben noch hat es in den Ruinen der Festung von Peyrepertuse geweht, als wollte der Wind die neunhundert Jahre alte Burg der Katharer von der Felszinne heben. Als wollte er alle Zeiten durcheinanderpusten sogar! Und bald kämen diese Ritter wieder hinter den Mauervorsprüngen hervor, als hätten sie dort einfach ein paar Jahrhunderte gewartet, bis es eine Unwucht in der Zeit geben und ein Orkan die Gegenwart wegblasen würde.

Es stürmt oft in diesem Winkel Südfrankreichs, und es sind harte, böige Winde, die die Zypressen im Fünfzig-Grad-Winkel biegen und den mehr als beindicken Stämmen alles an Flexibilität abfordern. Nicht mal die Burgmauern halten den Wind draußen: Er rotiert in den Treppenhäusern der verbliebenen Turmreste, faucht in Rittersälen ohne Dach, als käme er senkrecht herniedergefahren, donnert mit einer Wucht durch schmale

FRANKREICH

○ Perpignan

Schießscharten, als wären es sperrangelweit geöffnete Portale.

Drumherum ist das Gestern. Wer über die hüfthohen Brüstungen der Festungsmauer hier gut vierzig Kilometer außerhalb der Großstadt Perpignan schaut, sieht nichts Modernes, keine breiten Straßen, keine Überlandleitung, allenfalls ein an den Hang gegenüber geklebtes Dorf mit kaum mehr als wenigen Hundert Einwohnern. Und erst ein Fernglas würde verraten, dass auf manchem alten Schindeldach inzwischen eine Satellitenschüssel montiert ist.

Es hat sich wenig verändert hier im Languedoc – im nördlichen Pyrenäenvorland, das vor Jahrhunderten Zankapfel zwischen den Königen von Aragon und denen von Frankreich war. In dieser Gegend, in der die Katharer zu Hause waren, die einen Sonderweg innerhalb der christlichen Kirche gingen und in einem sechzehn Jahre langen Kreuzzug unterworfen und von der Inquisition schließlich vernichtet wurden – damals, als die Region das erste Mal als Okzitanien bekannt war und ihre Einwohner noch Okzitanisch sprachen. Heute heißt die Verwaltungsregion ganz offiziell wieder so. Ihre Burgen stehen noch heute da – und viele davon an Positionen, die eigentlich nicht sein können. An Stellen, wo es selbst mit modernsten Mitteln kaum möglich wäre, zu bauen.

Es ist bis heute, als hätten sie ihre Burgen einfach in die Wolken geklebt, auf die höchsten Felszinnen gebaut, auf eigentlich unerreichbare Vorsprünge im Gebirge. Und erst denkt man bei jeder weiteren, die ins Blickfeld gerät: Hollywood muss schuld sein! Alles Attrappe, vergänglich, von Kulissenbauern für einen Dreh in die Landschaft gezimmert! Was sich da am Horizont abzeichnet, muss aus

Pappmaché sein, eine falsche Wand mit viel Farbe und zwei Stützpfosten aus Sperrholz.

Schraubt man sich mit dem Auto über schmale Serpentinen in diese Gegend hinauf und erahnt schließlich irgendwo am Horizont eine Struktur ganz oben auf den Felsen – so rechtwinklig, dass sie nicht von der Natur geschaffen worden sein kann –, dann glaubt man es doch nicht, dass dieses Grau aus Quadern auf dem Gipfel menschengemacht sein kann. Peyrepertuse ist so ein Fall – und die Burg Quéribus noch umso mehr. Ihre spektakuläre Lage hat beide im Mittelalter fast uneinnehmbar gemacht.

Dreizehn Jahre lang wurde Quéribus einst immer wieder belagert und doch erfolgreich verteidigt, ehe die Angreifer um Olivier de Termes sie 1255 dann endlich einnehmen konnten. Elf Burgen der Katharer und ihrer unmittelbaren Nachfolger gibt es in der Region noch heute, die sie einst beherrscht haben. Darüber hinaus sind etliche ihrer einstigen Abteien erhalten.

Den besten Platz hat diesen Vormittag die Frau im Kassenhäuschen zweihundert Höhenmeter unterhalb des Burgportals von Quéribus: »Was der Eintritt kostet? Erst mal nichts«, sagt sie und lächelt. »Wenn Sie es durch den Sturm bis oben in die Burg geschafft haben sollten, sagen Sie mir beim Rausgehen Bescheid. Erst dann zahlen sie.« Und was sie noch nachschiebt: »Heute hat es noch keiner bis hinein geschafft.« Sie schaut ganz dankbar, dass sie nicht mit hinaufmuss.

Wieder pfeift der Sturm um den Felsen, drückt die Menschen auf dem Weg bergauf ans Gestein, stemmt sich ihnen nach der nächsten Kurve mit Macht entgegen, schiebt sie wieder zurück, als wollte er abermals Respekt für die Leistung der Erbauer dieser Festung einfordern.

Es ist ein ganz normaler Quéribus-Sturm. Einer von denen, die hier öfter fegen.

Raymond Fannoy hat keinen Blick mehr für die Steine, die sich seit Jahrhunderten dort oben auf dem Berg türmen: »Für mich ist die Burg ganz normal, sie ist einfach da. Und sie war immer da.« Er rührt mit dem Kochlöffel im Topf mit der Rotweinsauce für seine Rouladen – und müsste nur ins Freie treten, um die Silhouette von Quéribus am Horizont zu sehen. Die Burg ist es, die ihm heute die meisten Gäste beschert – diejenigen, die in den vier Zimmern seiner »Auberge de Vigneron« in Cucugnan unterkommen. Und die vielen Tagesbesucher im Sommer, die er in seinem Restaurant an der Südseite des Hundert-zehn-Einwohner-Ortes verköstigt. »Der Wind? Im Ort spürst du nichts davon. Unsere alten Mauern halten ihn ab.« Jetzt schmeckt er die Sauce ab, schenkt sich einen Rosé von den Weinfeldern der Umgebung ein.

Die Katharer-Burgen bescheren der Region während der Sommermonate einen Besucheransturm, dem die Übernachtungskapazitäten bei Weitem nicht gewachsen sind. Die meisten kommen als Tagesbesucher von der Mittelmeerküste – oder aus Carcassonne weiter im Norden, selber Festungsstadt mit beeindruckenden Mauern und einst ebenfalls ein Sitz der Katharer. Außerhalb der Hochsaison aber versinkt die Region wieder in ihrem Dämmerschlaf – als wäre seit Jahrhunderten nichts geschehen. Und als würde der Wind die Zeiten jedes Mal neu sortieren wollen. Ein Ritter an der nächsten Straßen-ecke? Könnte sein. Eine Hellebarde und ein Kettenhemd an der Garderobe im Gasthof? Gut möglich. Es würde in diese Gegend passen.

... *IN ANDORRA*
MINI-STAAT IN DEN
PYRENÄEN

Zielflughafen: La Seu d'Urgell
Airport-Code: LEU
Hängenbleibegrund: Plötzlicher heftiger
Schneefall

Plötzlich ist alles wieder so, wie es gehört. So, wie man es erwartet. Von irgendwoher läuten Kirchturmglocken, deren Klang im Tal von den Bergen hin und her geworfen wird. Aus einem geöffneten Fenster klingt Gitarrenmusik. Vor einer Tapas-Bar plaudern und lachen noch ein paar Menschen, während jemand mit zwei wuscheligen Pyrenäen-Hütehunden an der Leine vorbeiläuft. Plötzlich ist wieder der Wind zu hören, zu spüren, die Bergluft zu schmecken. Auf einen Schlag hat sich aller Trubel gelegt, ist alles Geschiebe vorbei, der Alltag zurückgekehrt: ein Samstagabend in Andorra La Vella, der Hauptstadt von Andorra.

Gleich nach Geschäftsschluss ist das Fürstentum wieder ein stilles Land in den Pyrenäen geworden, gerade vierhundertachtundsechzig Quadratkilometer groß. Dann sieht es auch in den eben noch verstopften Straßen der Hauptstadt wieder fast so aus wie weiter oben, sogar wie in den Dörfern weit abseits.

Andorra La Vella gilt als Shoppingparadies – wegen der niedrigen Zölle, der geringen Mehrwertsteuer. Luxus-

ANDORRA

● Andorra La Vella

◎ La Seu d'Urgell

marken sind spürbar günstiger als nebenan in Spanien oder in Frankreich. Die Nachbarn kommen vor allem Ende der Woche in langen Autokolonnen, um Beute zu machen – ob mit Markenlogo oder ohne. Dabei verläuft sich auch dann aller Andrang schnell, sobald man die Hauptstadt wieder verlassen hat und das Land plötzlich an Weite zu gewinnen scheint. Und nach Ladenschluss sowieso, wenn die Metropole mit all den Geschäften und den etliche Stockwerke hohen Wohnturm wieder zu dem wird, was sie eigentlich ist: ein Bergdorf – nur ein bisschen aus der Form geraten vielleicht, eilig in die Höhe gewachsen. Und nicht der schönste Flecken in diesem Land.

Dabei geht es hier kaum ums Sehen und Gesehenwerden, eher um das Gegenteil davon. Andorra ist weniger klatschhaft als Monaco, gänzlich uneitel im Vergleich. Und kaum jemals taucht das Fürstenhaus in den Spalten der Illustrierten auf – obwohl es zwei gleichberechtigte Prinzen gibt, die das kleine Land regieren. Seit vielen Jahrhunderten schon ist das so. Aus derselben Familie sind sie nie – ein einmaliges Konstrukt. Der eine ist als Rechtsnachfolger des französischen Königs stets der gerade amtierende Präsident von Frankreich, der andere der Bischof von Urgell auf spanischer Seite der Grenze. Sie beide führen den Titel Ko-Prinzen von Andorra. Das Prinzip hat sich bewährt – seit 1278, als noch niemand darüber nachdachte, dass Andorra La Vella mal ein Shoppingreiseziel werden könnte. Die beiden sind selten da, noch seltener gemeinsam. Und zum Wandern in den Bergen verabredet haben sie sich angeblich noch nie. Ganz sicher ein Fehler.

... *IM VAL D'ARAN*
IN DEN BERGEN
KATALONIENS

Zielflughafen: Barcelona
Airport-Code: BCN
Hängenbleibegrund: Einziger Straßentunnel
nach Süden blockiert

Die schmale Passstraße ist um diese Jahreszeit längst gesperrt: zu viel Schnee. Wie immer. Viel zu viel sogar. Dabei ist all der Schnee der Grund, weswegen die meisten hierher kommen – und manchmal den Winterurlaub unfreiwillig verlängern müssen, bis wenigstens die Landstraße von Lleida mit ihren vielen Tunneln hinauf ins Val d'Aran auf der spanischen Seite der Pyrenäen wieder passierbar ist. Im Sommer ist sie die Alternative zur Passstraße über die Gipfel, jetzt im Winter ist sie die einzige Möglichkeit, einigermaßen verlässlich in die Region mit dem Hauptort Vielha auf vierzehnhundert Metern Höhe zu gelangen: in Spaniens größtes und beliebtestes Skigebiet. Vieranddreißig Dörfer gibt es hier alles in allem, sechshundertzwanzig Quadratkilometer misst das Val d'Aran insgesamt. Umgangssprache der Älteren ist noch heute die Lokalsprache Aranés, die mit dem Okzitanischen aus Südfrankreich verwandt ist.

Regelmäßig wedeln hier auch die Mitglieder der spanischen Königsfamilie über die Pisten. Die Bourbonen haben ein Haus im Wintersportort Baqueira. Ob sie gerade

SPANIEN

● Val d'Aran

◎ Barcelona

da sind, weiß fast keiner jemals so ganz genau. Die Besuche sind stets als Privataufenthalte deklariert, werden überhaupt nicht inszeniert. Und wenn sie in der Vergangenheit doch mal einer erkannt hat, gaben König Felipe und Vater Juan Carlos freundlich ein paar Autogramme, ehe sie mit ihren Skiern wieder auf die schwierigste schwarz markierte Piste einschwenkten und im Winterweiß verschwanden.

Was man tun kann, wenn man hier strandet? Wenn die Landstraße zurück nach Lleida in die Ebene für ein paar Stunden oder auch mal anderthalb Tage versperrt sein sollte? Länger Ski fahren oder gemütlich vorm Kamin sitzen bleiben – das wären zwei Möglichkeiten. Der Dorfpfarrer von Vielha hat eine dritte gefunden. An vielen langen Winterabenden hat er die Bibel ins Aranés übersetzt. Als Erster.

... *AM GOLF VON BISKAYA*
DEN HERBSTSTÜRMEN
ENTGEGEN STAUNEN

Zielflughafen: Santander
Airport-Code: SDR
Hängenbleibegrund:
Sturm und Straßensperrung

Der Wind rupft an den Halmen auf den Dünen von Liencres, als wollte er diesen Vormittag allen Strandhafer auf einmal umpflanzen. Er fleddert Hartlaubgewächse und faucht durch das Pinienwäldchen, das die Dünen festhält. Ein paar Strandspaziergänger stemmen sich mit aller Kraft gegen den Wind. Und ein verliebtes Pärchen in einem einsamen Auto oben auf dem Parkplatz hat abwechselnd Augen nur füreinander und dann wieder nur für das Geschehen da draußen, wenn der Sturm allzu forsch am Wagen rüttelt. Seit Stunden schon führt der Wind sein expressives Wellenballett an der Küste von Kantabrien auf und schlägt den Golf von Biskaya schaumig. Er scheint Spaß daran zu haben.

Immer neue Atlantikbrecher schieben sich Richtung nordspanische Küste heran, zerbersten an vorgelagerten Klippen, rollen auf dem festen, goldenen Sand aus. Auch Töne gehören zu dem winterlichen Spektakel: das Geräusch eines vorbeirasenden Zuges, eines gewaltigen Wasserfalls, einer Grundschulklasse beim Pausenklingeln. Wind und Wellen versuchen sich als Stimmenimi-

Santander

SPANIEN

tatoren – kein Zug weit und breit, kein Wasserfall, keine jubelnden Schulkinder.

In den Wintermonaten stürmt es häufig und heftig an der spanischen Nordküste mit ihren Klippen, ihren herrlichen Stränden, die viel länger und breiter und schöner sind als die meisten am Mittelmeer. Viel kürzer ist die Saison hier, nur Juli und August und vielleicht noch die erste Septemberwoche. Kaum Ausländer sind dabei, fast nur Spanier. Aber neuerdings kommen ausgerechnet im Winter ein paar Fremde und machen etwas, was in diesem Maße sonst nur an Kanadas wilder Pazifikküste bekannt war. Sie reisen zum Stormwatching an, nisten sich in kleine Hotels ganz oben auf den Klippen, ganz vorne an den Strandpromenaden ein, um die Unwetter hautnah zu erleben. Observación de tormentas heißt dieses »Stürmebegucken« auf Spanisch – und findet immer mehr Freunde.

José Domingo Lécue kennt sich gut aus mit den Stürmen. Sie sind sein Beruf. Beide Opas waren Fischer – und er ist bei den Patronas de la Salvamar dabei, den Seenotrettern. Inzwischen ist er Kapitän des Rettungskreuzers der kantabrischen Hauptstadt Santander. Bei Wetter wie diesem ist er in Alarmbereitschaft und ständig abfahrbereit. Seekrank ist Lécue nur ein einziges Mal gewesen, Biskaya hin oder her: »Als Kind auf einem Fischkutter. Nicht wegen der Wellen, sondern weil es so nach Schiffsdiesel stank.« Er lacht. »Ich habe vierzehnmal an nur einem Tag gekotzt.« Jetzt lacht er noch lauter. »Aber ich habe an dem einen Tag auch vierzehnmal gegessen.« Nun schaut er sogar ein wenig stolz.

Nach solchen Stürmen jedenfalls muss er sich inzwischen um schmackhafte Mahlzeiten keine Gedanken mehr machen: »Wenn wir Fischer aus Seenot retten, schenken sie uns als Dankeschön meistens ein paar Fische. Das ist Brauch. Sportbootfahrer bedanken sich mit einer Flasche Cava.« Sogar einen Stammkunden haben die Seenotretter aus Santander: den roten Kutter »Siempre Esmeralda« ausgerechnet vom Nachbarliegeplatz. »Beim ersten Mal hatte er seine Schiffsschraube auf hoher See verloren. Einfach weg, abgebrochen das Ding. Beim zweiten Mal hatte sich die neue Schraube in den Netzen verfangen, und wieder war das Boot fahruntüchtig. Beim dritten Mal hat der Motor den Geist aufgegeben. Wir kennen uns inzwischen ganz gut, mögen uns richtig gerne.« Er freut sich auf die nächsten Geschenkfische.

Diese Nacht fängt der weiter erstarkende Wind zu heulen an. Durch alle Ritzen des alten Hotels im Festungsstil auf den Klippen von Suances pfeift er. Zwölf Stunden geht das diesmal so. Es klingt wie die Begleitmusik zum Untergang der Welt – oder der erste Akkord zum Auftauchen von Atlantis aus dem Ozean. Der Sturm rüttelt am verglasten Balkon des Hotelzimmers, will offenbar die Fenster von außen öffnen. Die großen Scheiben wölben sich unter dem Druck, lassen bei Berührung spüren, welcher Vibration sie ausgesetzt sind – und halten am Ende stand.

Seeschwalben reiten davor den Wind aus, hängen im stärksten Sturm reglos über der Playa de los Locos in der Luft. Sie schweben auf der Stelle, ohne die Flügel zu bewegen, und strampeln nur ab und zu mit den Beinen. Den Vögeln scheint das zu gefallen. Irgendwann stürzen sie sich senkrecht in die Tiefe, um sich knapp über der Wasseroberfläche von einer Böe wieder auffangen zu lassen und weiterzureiten.

131

Bald darauf ist der Sturm mit einem Schlag vorbei. Wie ausgeknipst. Als ob die Wellen einfach abgeschaltet worden wären. Was sich eben noch türmte, fällt nun sanft in sich zusammen und rollt von einer Minute auf die andere nur gemächlich aus. Als wäre nichts gewesen. Auch die Menschen kommen wieder hervor, und vor mancher Sidreria, mancher Bar an der kantabrischen wie der westlich anschließenden asturischen Küste stehen plötzlich wieder Tische und Stühle im Freien. Noch vor einer Stunde hätte der Wind sie davongeschleppt. Angler reihen sich an der Mole von Ribadesella auf.

Fischer Vicente Peñil Montes flickt derweil an Land die Netze. Am nächsten Morgen um fünf wird er, so sich die Wettervorhersage als richtig erweist, wieder hinausfahren: »Wir waren jetzt drei Wochen am Stück nicht draußen – immer zu viel Wind. Gestrandet im Wohnzimmer. Jetzt sieht's gut aus, und nach solchen Stürmen stehen die Chancen besonders gut, mit reichlich Lubinas, den Wolfsbarschen, zurückzukommen.«

Enrique Luzuriaga hat diese Stürme immer geliebt, ist dann hundertzwölf Steinstufen nach oben gestiegen, um dem Wind entgegenzugehen und alle Urgewalt aus nächster Nähe zu erleben. Er war dreizehn Jahre lang der Leuchtturmwärter von Santander – der letzte, bevor die Anlage automatisiert und das einstige Wärterhaus in ein Museum verwandelt wurde. Wo einst Enriques Wohnzimmersofa stand, sind heute Vitrinen aufgestellt, drumherum Gemälde aufgehängt. Es gefällt ihm gut, dreht sich um Leuchttürme und ihre Wärter. Ob es etwas gibt, was ihm noch besser gefiele? »Wenn mein Sofa noch da stünde, das gefiele mir besser«, sagt er mit ein bisschen Wehmut in der Stimme. Einen Schlüssel zum Turm hat er

noch, und wenn es richtig stürmt, steigt er noch manchmal auf die Plattform hinauf wie früher – oder fährt zum
Strand von Liencres und hockt sich vor die Dünen. Zum
Stormwatching, zur observación de tormentas. »Und um
die Stürme zu fühlen«, sagt er.

... *IN ARAGÓN*
IN SPANIENS
BURGENLAND

Zielflughafen: Saragossa
Airport-Code: ZAZ
Hängenbleibegrund: Auf den Nebenstraßen der
Nebenstrecke ohne Navi verfahren und fast für
immer dortgeblieben

Vor ein paar Jahren kam ein Amerikaner angeflogen. Er suche das alte Spanien, hat er gesagt und einen jungen Mann engagiert, der ihn im Geländewagen herumfahren sollte. Viel Geld wollte er ausgeben, am liebsten eine Burg restaurieren, danach mit Freunden wiederkommen. Der Herr mit Vollbart verliebte sich sofort in die Festung von Loarre aus dem elften Jahrhundert, eine Märchenburg mit Zinnen und Erkern, mit halb eingestürzten Türmen und intakter Zugbrücke. Mit nur ein bisschen Fantasie könnte man sich Ritter hineindenken, das Damals vorm geistigen Auge erwachen lassen, in Gedanken den passenden Soundtrack zu dieser Bilderbuchburg in den Bergen des nordspanischen Binnenlands abspielen – irgendwo eine halbe Fahrtstunde nordöstlich von Huesca, drei westlich von Barcelona. Mitten in Aragón.

Der anfangs so mürrische Mann strahlte fortan nur noch, telefonierte zwischendurch übers Handy mit Kalifornien, klang dabei begeistert, machte viele Fotos und endlich dachte er auch ans Essen, probierte luftgetrock-

● Castillo de Loarre

◎ Saragossa

SPANIEN

neten Pyrenäen-Schinken, die herzhafte Landküche, die kräftigen Käsesorten, trank dazu fruchtigen Weißwein aus Rueda. Der Mann hieß Ridley Scott, Regisseur unter anderem von »Gladiator« und »Hannibal«, stammt aus England und kam aus Hollywood. Er suchte nach einem Spanien, das noch spanisch aussieht. Das so ist, wie er es sich immer vorgestellt hatte: rustikal, dünn besiedelt, mit mittelalterlichen Bauten, mit gewaltigen Bergen und dichten Wäldern. Diesmal wollte er einen Kreuzritterfilm drehen – und entschied sich für die Festung von Loarre als Idealkulisse für seine Geschichte.

Der Film hieß »Königreich der Himmel« – und wurde ein Flop. An Spanien kann es nicht gelegen haben, schon gar nicht an der Landschaft Aragóns. Über siebenhundert Burgen und zahlreiche befestigte Dörfer gibt es in Aragón, in Spaniens Burgenland – ein dünn besiedelter Landstrich, dreizehnmal so groß wie Mallorca, mehr als doppelt so groß wie Hessen. Eine Gegend, wo Mittelstreifen auf den Straßen vielerorts eher die Ausnahme sind. Eine, wo man sich leicht verfahren kann – und jeder Umweg ein Erlebnis ist.

... *IM EBRO-DELTA*
SPANIENS GRÖSSTES
REISANBAUGEBIET

Zielflughafen: Barcelona
Airport-Code: BCN
Hängenbleibegrund: Hochwasser

Zwei Drittel des Jahres ist fast alles Land hier geflutet – Reisfelder, die teilweise sogar unter Meeresspiegelniveau liegen. Das lässt die Gegend von Weitem erscheinen, als führten Straßen auf Dämmen durch nichts als spiegelglattes Meer, aus dem sich ab und zu wie ein Turm ein Bauernhaus, seltener noch wie eine Fata Morgana ein Dorf gegen den blauen Himmel abhebt. Das Land hier im Ebro-Delta, auf halbem Weg zwischen Barcelona im Norden und Valencia im Süden, ist so flach, als wäre es planiert, und kaum ein Baum bietet dem immerwährenden Wind Widerstand. Die Surfer draußen am äußersten Rand des Deltas, an den Dünen der Punta del Fangar und am breiten Strand der Playa Eucalyptus lieben das, reiten dort Böen und Wellen aus. »Hawaii ist nichts dagegen«, sagt diesen Vormittag einer von ihnen – der noch nie auf Hawaii war, aber seinen Wind zu Hause nur zu genau kennt.

Im Sommer, wenn die Einheimischen wie die vielen Sonnenhungrigen aus Mitteleuropa an den Stränden der Costa Brava weiter im Norden dicht an dicht im Sand liegen und dort die Appartementklötze an mancher weit

SPANIEN

Barcelona

Ebro-Delta

geschwungenen Bucht Schatten auf die Badelaken werfen, dann hat hier immer noch jeder mindestens fünfzig Meter Strand ganz für sich alleine – und unverbaut ist der obendrein.

In Jahrhunderten hat der Ebro als einer der größten Ströme Spaniens diese Gegend geformt. Mit Sümpfen, fischreichen Lagunen und Brutstätten seltener Vögel, mit einer vieltausendköpfigen Flamingokolonie, mit einem vierhundertzweiundfünfzig Kilometer langen Netz aus Kanälen. Und mit Salinen und gewaltigen Stränden. Zweimal im Jahr wechselt das Delta komplett Farbe und Gesicht. Im Sommer leuchtet es in Hellgrün, wenn der im April gesäte Reis auf den bis dato so kargen Flächen fast über Nacht emporgesprossen ist. Schon im September wird er geerntet. Und von Weitem schauen die Flamingos dabei zu. In Rosa.

... AM CABO DE GATA
WILDER WESTEN IN ANDALUSIEN

Zielflughafen: Almería
Airport-Code: LEI
Hängenbleibegrund: Gegenfrage — warum sollte
man von hier in der Nebensaison wieder
wegwollen?

Manchmal sieht der Wilde Westen aus der Nähe anders aus, als man denkt. Manchmal hat er plötzlich Strände. Lange und schöne sogar – und manche davon gänzlich unverbaut. Denn manchmal grenzt er mit all seinen Schluchten, mit Canyons und Prärie, mit seinen Corrals, seinen Hochplateaus, grauen Felsen und roter Erde direkt ans Meer. Plötzlich wohnt Winnetou am Ozean, könnten Cowboys bis zum Anleger der Fischerboote reiten, auf eine gegrillte Dorade Station im Restaurant gleich am Pier machen. All das passt bloß einen kurzen Moment lang nicht zusammen – bis es sich als beste Lösung entpuppt. Für alle Beteiligten.

Im unmittelbaren Hinterland des Cabo de Gata in der nördlichsten Provinz Andalusiens wurden drei Jahrzehnte lang die erfolgreichsten Kinowestern gedreht – ob mit Henry Fonda, Yul Brunner oder Clint Eastwood. Ob mit Steve McQueen oder Lee Marvin. Oder mit Bud Spencer und Terence Hill. Immer wieder hat die Gegend Arizona gedoubelt – obwohl das Original eine halbe Welt entfernt ist. Nur um hundertachtzig Grad schwenken durfte die Kamera nicht, damit der kleine Schwindel im Kino nicht

SPANIEN

Almería ◎
● Cabo de Gata

aufflog. Denn im Rücken der Hollywoodleute war stets das Mittelmeer.

Am leichtesten fällt es der Gegend noch immer bei Sonnenaufgang, Arizona zu doubeln. Dann leuchten die Küstenberge im Morgenlicht glutrot, und plötzlich liegen Grand Canyon und Monument Valley in Andalusien.

Das Cabo ist dabei der schönste Fleck der Region – weil es als Naturpark unter besonderem Schutz steht und dort nicht mehr gebaut werden darf. Was da ist, ist da – aber mehr hinzukommen wird nicht. Die meisten Hotels sind deshalb klein, originell, anders. Die Bilderbuchstrände Playa de los Genoveses und Playa del Mónsul liegen sogar abseits aller Bebauung, sind bis heute Geheimtipps geblieben. Nur die Sandwüste ist weitgehend verschwunden, durch die Peter O'Toole hier noch 1962 vor der Kamera als »Lawrence von Arabien« stapfte. Sie bildet nun den Untergrund für die Tomatenplantagen unter Gewächshausplanen, ist in die Fundamente von Südfrüchtelagerhallen der Orte außerhalb des Cabo-de-Gata-Naturparks eingearbeitet. Nach und nach wurde sie dafür gestohlen: erst eimerweise, dann in vielen Lastwagenladungen. Weil Sand ja egal war und sich niemand Wüste wünscht. Erst wenn sie weg ist, fehlt etwas.

... *AN DER COSTA DE LA LUZ*
DIE LICHTER AFRIKAS
AM HORIZONT

Zielflughafen: Jerez de la Frontera
Airport-Code: XRY
Hängenbleibegrund: Der Sternenhimmel

»Livin' la vida loca!«, ruft Ricky Martin diesen Abend aus den versteckten Lautsprechern einer Strandbar in Conil de la Frontera, während die Sonne immer tiefer sinkt. Ein Fischernetz auf Stelzen als improvisiertes Dach, Strandsand als Fußboden, Mond, Sterne und ein paar Kerzen als Beleuchtung, Wellenrauschen als Begleitmusik und Meerblick als Zugabe: Anderswo in Spanien ist so etwas Vergangenheit – an der Costa de la Luz gibt es solche Restaurants und Bars noch. Und einsame Strände, endlos lang, ewig breit, mit Dünen und ohne Hotels. Und was in klaren Nächten am anderen Ufer zu erahnen ist: Das sind die Lichter Afrikas.

Abseits der Touristenorte sind es oft unscheinbare Stichstraßen, die Richtung Meer führen, an Dünengürteln und Traumstränden neben ein paar Fischerhäuschen enden. Allenfalls ein einsames Wohnmobil steht am Dünenrand. Und Kitesurfer präparieren ihre Lenkdrachen, um sich damit vom Dauerwind über die Wellen tragen zu lassen. Böen sortieren die Dünenlandschaft ständig nach Lust und Laune neu, verquirlen den salzigen Geschmack der Seeluft mit dem Duft der Oran-

SPANIEN

◎ Jerez de la Frontera

● Conil de la Frontera

genplantagen und der Erdbeerfelder des andalusischen Hinterlands.

Die eine Hauptrolle an der Costa de la Luz spielt der Wind, die andere das Licht selbst. Es reflektiert sich im unendlichen Sand, in den Wellen, in den Ortschaften im strahlenden Weiß der Fassaden. Es scheint, als ob der ganze Landstrich gleißend hell wäre: bis es Nacht wird – und Ricky Martin wieder aus den Boxen der Strandbar ruft.

Zielflughafen: Faro
Airport-Code: FAO
Hängenbleibegrund: Fähre ausgefallen

Die Fähre aus Olhão auf dem Festland ist alt, sie ist robust, hat viel durchgemacht – und kann die Insel Culatra vor der Küste der Algarve nur bei Flut anlaufen. Die Chance, dass sie mal nicht kommt, weil die Gezeiten dagegen sind oder das Wetter oder sogar die Technik, sind groß. Es wäre ein glücklicher Umstand hier zu stranden – mit nur einem Nachteil: Es gibt auf Culatra mit seinen nur zwei kleinen Ortschaften und keinem Quadratzentimeter Asphalt kein einziges Hotel.

Dafür ist die Gastfreundschaft groß. Und es gibt ein paar winzige Tante-Emma-Läden voller Kekse und Getränke, dazu ein paar Bars, ein paar einfache Restaurants im Sand, nette Fischerfamilien. Und weit und breit niemanden, der ein paar Worte Englisch oder gar Deutsch spricht. Dafür hat Culatra einen über fünf Kilometer langen Dünenstrand, an dessen einem Ende der Leuchtturm von Farol in den Himmel pikst.

Zur richtigen Jahreszeit – so ungefähr zwischen April und Oktober – ist Bleiben schöner als Wegfahren. Sogar unfreiwillig. Und falls man nicht im Sand schlafen will und über Nacht am Tresen in der Bar zu bleiben

PORTUGAL

Faro ◎ ● Culatra

auch keine Alternative ist, findet sich immer irgendwo ein Bett – oder doch noch eines der Bootstaxis, die zwar ab und zu ein wenig auf sich warten lassen, aber dann doch zuverlässig bei Tag und Nacht übersetzen. Manchmal dauert die eigentlich zwanzigminütige Fahrt mehr als doppelt so lange. Weil der kürzeste Weg nur bei Flut funktioniert. Ein Nachteil? Ganz und gar nicht, solange irgendwer den Mond gehisst hat und die Sterne leuchten.

... *IN DER SERRA DA ESTRELA*
PORTUGAL IN WEISS

Zielflughafen: Porto
Airport-Code: OPO
Hängenbleibegrund: Gänzlich unverhoffter
Wintereinbruch

Es gibt diese Tage. Dann muss Octavio Mourão genau darauf achten, die Spur zu halten, wenn er auf seinen Skiern ein gutes Stück oberhalb der Baumgrenze startet und hundertsechsunddreißig Höhenmeter abwärtswedelt. Viel Spielraum hat er nicht, dann schrammt er über die Steine. Zwanzig, dreißig Meter breit ist die Piste an mancher Stelle, acht oder neun nur an manch anderer. Mehr haben die Schneekanonen noch nicht geschafft, obwohl sie fleißig ackern. Aber Sonne und Temperaturen arbeiten noch dagegen an. Manchmal ist das so in Portugals größtem Skigebiet oberhalb von Penhas Douradas in der Serra da Estrela, manchmal will es einfach noch nicht so recht schneien – und plötzlich ist dann von einer Nacht auf die andere kein Kunstschnee mehr nötig, weil Frau Holle doch endlich die Betten gemacht und mal eben dreißig Zentimeter Neuschnee über den Bergen abgelegt hat.

Nirgendwo auf dem Festland ist Portugal dem Himmel näher als hier. Auf tausendneunhundertachtzig Metern befindet sich das Skigebiet auf einer Bergkuppe: mit alles in allem neun Abfahrten, mit sieben Komma sieben Pistenkilometern, Skier- und Rodelschlitten-Verleih, mit

Porto

● Serra da Estrela

PORTUGAL

Snowboards und Halfpipe. Und mit einem Gipfelrestaurant, das etwas von einer Autobahnraststätte im ehemaligen Ostblock hat. Klirrend kalt kann es hier in manchen Winternächten sein, ungeahnt milde in anderen. Und immer ist der Blick in den Himmel in wolkenlosen Nächten grandios. Das Milchstraßenband ist wie eine Girlande über die Winterwelt der Serra da Estrela gespannt.

Was aber Octavio Mourão tut, wenn so wenig Schnee liegt? Und wenn im Dezember und im April nur auf die Schneekanonen wirklich Verlass ist? Er zuckt mit den Schultern in der Daunenjacke, nimmt den Helm ab: »Trotzdem fahren, ganz ohne all die anderen, die sonst hier wären.« Der Mann im Winterdress stammt aus Nordportugal und jobbt als Skilehrer hier oben in den Bergen. Macht nichts, dass er an manchen Tagen zu Beginn der Saison in seinem Pistenoutfit ein wenig verkleidet wirkt. Der Schnee wird schon noch kommen. Dreißigtausend Sportler sind in durchschnittlichen Wintern hier. Für die Portugiesen ist dieses Skigebiet die einzige halbwegs verlässliche Möglichkeit, im weitesten Sinne vor der Haustür ein paar Runden im Schnee zu drehen. Für alle anderen bleibt es vor allem ein Kuriosum.

... *AUF PORTO SANTO*
BADEN GEHEN AUF DER
COLUMBUS-INSEL

Zielflughafen: Porto Santo
Airport-Code: PXO
Hängenbleibegrund: Radfahrer brummt in
(korrekt) geparkten Leihwagen, Papierkram auf
der Polizeiwache

Vorsichtig gesagt: Auf Mykonos ist mehr los. Aber Porto Santo hat den größeren Flughafen – bei weit weniger Betrieb. Die Piste ist sogar für Jumbojets geeignet, gebaut wurde sie als Notfall-Ausweich-Airport für Transatlantikmaschinen und für Jets, deren eigentliches Ziel die viel gebirgigere und nebenbei achtzehnmal so große Nachbarinsel Madeira sein sollte. Wann immer die ohnehin schwierigen Windverhältnisse das Landen auf der direkt an die Felskante modellierten und inzwischen auf Stelzen ins Meer hinaus verlängerten Piste auf Madeira unmöglich machen, steuern die Jets die zwanzig Flugminuten entfernte Schwesterinsel Porto Santo mit ihren nur fünfeinhalbtausend Einwohnern als Ausweichziel an.

Vor fast fünfhundertfünfzig Jahren war dort bereits Christoph Columbus sinnbildlich gestrandet, heiratete kurzerhand Filipa Moniz, die Tochter des Inselgouverneurs – und segelte doch bald wieder weiter. Das gemeinsame Wohnhaus der beiden im Hauptort Vila Baleira kann heute besichtigt werden – falls man nicht ausge-

Porto Santo

MADEIRA

rechnet am Montag auf Porto Santo unfreiwilligen Aufenthalt hat, dann ist Ruhetag bei Columbus.

Trotzdem sind die Betroffenen den ungünstigen Winden auf Madeira oft für jede Stunde dankbar, die sie länger wehen und den Weiterflug zum eigentlichen Ziel verhindern. Denn plötzlich gibt es zwei Inseln zum Preis von einer – und Porto Santo hat, was der prominenten Schwester völlig fehlt: herrlichen Sandstrand – goldgelb, neun Kilometer lang, wie eine Sichel von Ponta da Calheta bis Vila Baleira geschwungen und zum Teil von Dünen gesäumt. Am schönsten ist der Strand unterhalb des Hotels Luamar. Die Kutschfahrt aus Vila Baleira dorthin kostet etwa zwölf, die Taxifahrt vom Flughafen aus rund zwanzig Euro. Das Geld ist gut angelegt.

... *IN CASABLANCA*
WARTEN IN
RICK'S CAFÉ

Zielflughafen: Casablanca
Airport-Code: CMN
Hängenbleibegrund: Bus nach Fès verpasst

Der Kino-Klassiker handelt von nichts anderem als dem Schicksal derer, die in Casablanca gestrandet sind und in »Rick's Café« abwarten, was das Leben für sie bereithalten wird. Der Film mit Humphrey Bogart heißt »Casablanca« – wie die marokkanische Küstenstadt mit ihren inzwischen über fünf Millionen Einwohnern. »Rick's Café« hat es dort nie gegeben, und gedreht wurde 1942 im Studio in Kalifornien. Trotzdem suchen alle danach, die es nach Casablanca verschlägt. Und ganz besonders die, die am dortigen Drehkreuzflughafen hängenbleiben, weil irgendeine Umsteigeverbindung ausnahmsweise nicht geklappt hat.

Tatsächlich hat es im Hyatt-Hotel von Casablanca jahrelang ein gut gehendes »Rick's Café Américain« mit Bogart-Deko gegeben. Und ein paarmal pro Abend spielte der Pianist »As Time Goes By« – wie im Film. Dabei war alles nur ein sehr frei interpretierter Nachbau und wurde irgendwann einfach wegrenoviert. Jetzt gibt es wieder ein »Rick's Café« in der Stadt. Es ist sogar originell, sieht aus wie im Film, ein guter Nachbau. Und ein Besuchermagnet.

MAROKKO

Casablanca

Aber am spannendsten auch für Gestrandete ist Casablanca im Freien, in den Gassen der Medina. Sie ist klein, und doch so unübersichtlich wie die von Fès, so eng wie die von Marrakesch. Ein Labyrinth aus Wohn- und Einkaufsgassen, eine Mixtur aus allen Gerüchen dieser Welt. Nicht wie Tausendundeine Nacht hinter Milchglas. Ob der Alte, der den Pfefferminztee in seinem winzigen Medina-Café aufgießt, den Film kennt? Ob die verschleierte Gemüseverkäuferin an der nächsten Ecke von Bogart und Ingrid Bergman gehört hat? Wahrscheinlich nicht. Ihre Satellitenantennen auf den Dächern der Medina sind alle nach Osten ausgerichtet. Vom Westen ist nichts zu erwarten. Dort ist nur das Wasser und irgendwann weit hinter dem Horizont Amerika.

... *IN FÈS*
IM LABYRINTH AUS STEIN
UND FARBEN

Zielflughafen: Fès
Airport-Code: FEZ
Hängenbleibegrund: (Fast) nie wieder aus der
Medina herausgefunden

Ein Transistorradio brüllt arabischen Pop über die Schulter eines Schneiders ins Mittelalter hinaus. Verschleierte Frauen schieben sich vorbei, dahinter ein Mann mit einem Karren voller Kaktusfeigen. Ein mit zusammengerollten Teppichen beladenes Maultier stakst über das holprige Pflaster, verschwindet hinter der nächsten Weggabelung noch tiefer im Labyrinth. Von irgendwoher dringt Flötenmusik, als würde ein Dutzend unsichtbarer Schlangenbeschwörer ein Kammerkonzert geben. In Orange tropft es auf den Pfad zwischen den Häusern. Es regnet in Gelb, in Rot. Auf Seilen trocknet in der Färbergasse die Wolle und Menschen laufen Slalom um die triefende Farbe. Alltag in der Medina von Fès, Mittelalter mit nur einem Hauch Gegenwart in der alten Königsstadt in Zentralmarokko.

Keine andere islamische Stadt Nordafrikas ist so ursprünglich erhalten, keine andere so sehr als Kulisse für eine Zeitreise geeignet: mit allen Risiken, sich im Labyrinth hoffnungslos zu verlaufen. Die Inszenierung heißt »Alltag«. Sie spielt im Mittelalter, wird rund um die Uhr

MAROKKO

○ Fès

von ein paar Hunderttausend Mitwirkenden aufgeführt. Der Regiestuhl ist leer. Nur der Zufall koordiniert das Geschehen auf dieser Bühne. Sie liegt auf dem Saïss-Plateau etwa hundertfünfzig Kilometer Luftlinie von der Atlantikküste entfernt und ist ein steinernes Labyrinth aus wie Schachteln neben- und übereinandergestapelten Häusern, aus dreihundertzwanzig Moscheen und Koranschulen, aus Minaretten, prächtigen Palästen, aus Brunnen und versteckten Gärten. Schon frühzeitig hat die UNESCO die Altstadt von Fès, gegründet im Jahr 793, in ihre Liste des Welterbes aufgenommen.

Der Alltag brandet wie seit Hunderten von Jahren durch das Netz schmaler Schneisen im unüberschaubaren Häusermeer, durch verschlungene Pfade, die so zufällig verlaufen, als hätte der emsige Menschenstrom immer wieder neue Gassen durch den Stein herausgewaschen.

Knapp eine Million Einwohner hat Fès. Hundertfünfzigtausend davon wohnen in der Medina, dreihunderttausend arbeiten dort auf weniger als einem Zehntel des Stadtgebiets. Es gibt keinen wirklich brauchbaren Plan dieser Souks. Heraus kommt jeder irgendwann wieder, aber auf kurzem Weg zum Ziel gelangt nur, wer im Labyrinth aufgewachsen ist.

Einzig die Auslagen mancher Geschäfte sind kleine Referenzen an das Jetzt: CDs mit den Songs arabischer Schlagersänger für alle, die noch nicht streamen, zum Beispiel, Schüsseln aus Plastik und batteriebetriebenes Kinderspielzeug. In der Altstadt wird gearbeitet, als ob Maschinen noch nicht erfunden wären. Im Schein von Öllampen werkeln Tischler in winzigen Werkstätten im Souk Nejjarine, stemmen Ornamente in Zedernholzbeschläge. Weberfamilien hocken im Innenhof ihrer Häuser und fabrizieren edle Tücher so, wie ihre Urgroßeltern es taten. Schmiede schlagen in fensterlosen, rußgeschwärzten Kammern auf glühendes Metall ein und schwitzen, als räucherten sie sich selbst.

Eine neuere Geschäftsidee schlägt Profit aus dem empfindlichen Geruchssinn Fremder. Männer verkaufen in den Gassen, die zum Gerberviertel El Chouara führen, Sträuße aus frischer Minze an Touristen – ein Wundermittel gegen den infernalischen Gestank. Wer die Blätter und Stiele zwischen den Fingern zerreibt, tröstet die eigene Nase, während die Augen von einer Dachterrasse aus auf die gemauerten Tröge der Gerber herabblicken und Maultiere auf ihren Rücken bündelweise Leder davonschleppen.

Ein paar Gassen weiter balanciert ein alter Mann eine Stereoanlage auf dem Kopf, geht damit von Händler zu Händler. »Sie machen ihm Gebote«, erzählt jemand. Wer nach einer Runde durch die Rue Talaa Kebira und Rue Talaa Seghira den besten Preis gemacht hat, bekommt das Gerät. »Der Alte kommt mehrmals täglich mit irgendetwas. Er hat keinen Laden und ist im wahrsten Wortsinn ein Einzelhändler.«

Noch heute ist die Altstadt streng nach Zünften unterteilt, und nur eine überschreitet die Grenzen der Viertel: die der Altstadtspediteure, der Esel- und Maultiertreiber. Die Gassen von Fès sind zu schmal für Autos. Wer etwas zu befördern hat, wendet sich an einen der Maultiertransportunternehmer – ein Beruf, der seit Generationen vom Vater auf den Sohn übergeht. Hundertvierzig Lasttiere sind für die Altstadt lizenziert. Sie schaukeln durch anderthalb Meter breite Gassen, lavieren sich zwischen den Mauern hindurch, schrammen mit ihren Lasten haarscharf über die Auslagen der Geschäfte hinweg, über Kisten voller Datteln und Apfelsinen, über Teppiche und Blecheimer. Die »Balek, Balek«-Rufe der Eselspediteure warnen entgegenkommende Passanten. Menschen pressen sich in solchen Momenten an die Wände, verschwinden in den Hauseingängen.

Drei Stockwerke höher ist die Freiheit grenzenlos – fast. Auf einem flachen Medina-Dach spielen zwei Jungs in marokkanischen Nationaltrikots Fußball. Ihre Pässe sind verhalten, dem gerade sechs mal zehn Meter großen und von einem dreißig Zentimeter hohen Mäuerchen umgebenen Trainingsgelände angepasst. Der ältere trägt die 10 auf dem Rücken und geht etwas stürmischer heran als der jüngere mit der 8. Das Dach ist eines der wenigen in diesem Viertel, das nicht mit einer Satellitenantenne gespickt ist. Zu Aberhunderten ragen die Schüsseln auf und reflektieren in die Wohnzimmer, was an bunten Bildern vom Himmel zu fischen ist. Sie holen die Moderne ins Innere der Häuser, während alles andere im Mittelalter verwurzelt bleibt.

Trotz aller Nähe, aller Enge, allen Gedränges: Das Leben im Moloch verläuft ohne Hektik, ohne Aggression. Die Bewohner von Fès haben es in den Jahrhunderten gelernt und an ihre Nachkommen weitergegeben, auf engem Raum miteinander zurechtzukommen.

Das Leben der Medina-Bewohner wendet sich ab von der Straße, ist unsichtbar für Flaneure. Die Fenster der Häuser mit den schroffen Fassaden aus bröckelndem Putz sind alle zum Innenhof gewandt – egal, wie groß das Gebäude ist. Weit über hundert Paläste gibt es in der Altstadt, Zimmerfluchten mit Höfen, Galerien, mit orientalischer Pracht, die niemand von außen erahnt hätte.

Wie kommt es, dass dreihunderttausend Menschen keine Geräusche machen? Dass kein Laut aus dem Alltag heraus über die Dächer in die Gärten des Palais Jamaï dringt? Hinter den zwölf Meter hohen Festungsmauern dieses einstigen privaten Palastes in der Medina, heute ein Luxushotel, ist nichts vom Leben davor zu hören. Nur der Muezzin erobert gelegentlich die akustische Lufthoheit auch über die stillen Palastgärten. In der Altstadt von Fès gibt es kein Hupen, kein Abbremsen und Anfahren, kein Motorenaufheulen. Es gibt nur Schritte und Stimmen.

Im Restaurant »Dar Saada«, mitten in der Medina unterhält eine Tänzerin die wenigen Gäste, die dort eine Mahlzeit lang in weichen Kissen versunken sind, erst scharfe Paprika-Joghurt-Suppe mit Kichererbsen löffeln, dann Couscous mit Hammel serviert bekommen. Ein Tamburinspieler gibt ihr den Rhythmus vor. Irgendwann beginnt die Tänzerin zu singen: kraftvoll, anmutig, zeitweilig mit geschlossenen Augen – so, als würde sie die Märchen aus Tausendundeiner Nacht neu erzählen, als würde irgendwo ein Lagerfeuer brennen und Augen und Ohren des ganzen Dorfes wären auf sie gerichtet. Als würde sie den Film nacherzählen, der auf die Innenseite ihrer Augenlider projiziert wird. Und plötzlich klingelt aus irgendeiner Tasche ihrer Kleidung das Handy. Tapfer singt sie weiter, geht nicht ran, drückt keine Taste. Manchmal stört Hightech auch in der Medina von Fès die Tradition. Aber nicht immer wird die Störung zugelassen.

... *IN TUNIS*
MITTEN
IN DER MEDINA

Zielflughafen: Tunis
Airport-Code: TUN
Hängenbleibegrund: Diese wunderschönen
versteckten Cafés in der Medina. Und dass es
ebenso versteckte Restaurants gibt

Im Schein einer Öllampe spielt der Wind mit den Qualm-
ringen, sortiert sie neu und trägt sie über die Dächer der
Nachbarhäuser davon in die Nacht. Sieben Männer sitzen
diesen Abend im stillen Innenhof unter einem knorrigen
Feigenbaum zusammen, rauchen Wasserpfeife, trinken
Pfefferminztee, und nur die Sterne schauen zu. Ein achter
steht abseits und plaudert zärtlich mit seinem Handy. An
einem Tisch hockt ein Pärchen und tuschelt. Den Alltag
haben sie alle hinter sich gelassen. Er ist einen langen
Korridor und ein paar Stufen entfernt und hat keinen Zu-
tritt zum Innenhof des Café M'Rabet mitten in der Medina
von Tunis. Stille wie in einer abgelegenen Oase der Wüste, nahezu Lautlosigkeit mitten in einer Millionenstadt.
Ein Ort zum Abschalten, zum Krafttanken.

Die Metalljalousien der kleinen Geschäfte der Nachbarschaft hier im Basar sind gerade heruntergelassen worden, Schmuck- und Tuchhändler verschwunden, Parfum-
macher auf dem Nachhauseweg, die Gassen bereits fast
ausgestorben. Keine Spur ist mehr von der Hektik des

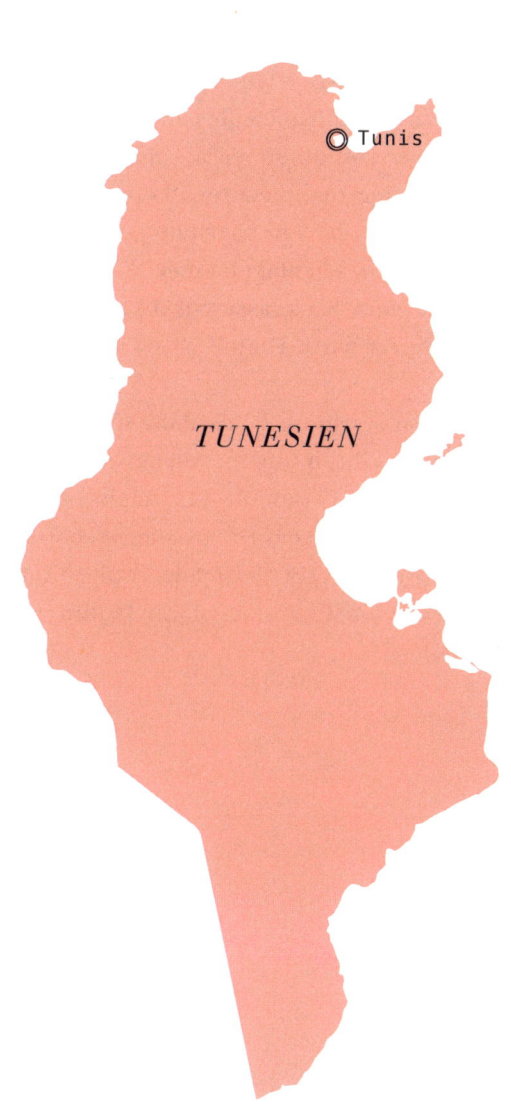

TUNESIEN

Tunis

Tages. Das Leben ist für die Stunden der Nacht unsichtbar geworden und hat sich zurückgezogen: in die kleinen Häuser der Medina-Bewohner, in die Vororte. Und in die Innenhöfe solcher Altstadtcafés, in Palastrestaurants, die nur sucht, wer von ihnen weiß. Und die nur findet, wer im Labyrinth der Medina zurechtkommt. Wer sich nicht gruselt, wenn wieder ein paar Lampen ausgefallen sind oder der Schall das Schlagen einer Tür durch die Gänge jagt, das an jeder Sackgasse zurückgeworfen und zum Echo gesteigert wird. Fremd ist es hier. Faszinierend fremd.

Wenn es Nacht wird in Tunis, dann sind die meisten Urlauber längst in ihren Bussen verschwunden und schaukeln zurück in ihre Ferienorte am Mittelmeer. Kaum einer der Fremden wohnt in der Hauptstadt, noch weniger kommen allein wegen dieser Metropole. Weil sie Tausendundeine Nacht nur am Tage suchen. Ein Irrtum.

... IN DEN SAURIERBERGEN VON TATAOUINE
IM HOCHLAND AM RANDE DER SAHARA IN TUNESIEN

Zielflughafen: Gabès
Airport-Code: GAE
Hängenbleibegrund: Reifenpanne in der Wüste

Als sie das letzte Mal hier waren, bebte der Boden unter ihren Schritten, und es war kein Mensch weit und breit. Es gab damals keine Straße in der Region, keine Lehmhäuser, keine Nomadenzelte. Es saß noch niemand am Lagerfeuer im Windschatten des Jebel Miteur und sang Lieder. Nicht mal den Muezzin von Toujane gab es, der heute fünfmal am Tag vom schneeweißen Minarett der Moschee zum Gebet ruft und sein Allahu akbar vom Echo des Tales zurückwerfen und vom Wind über die Berge Richtung Sahara tragen lässt. Manche von ihnen kauten damals Berge von Blättern, andere gingen mit zwanzig Zentimeter langen messerscharfen Zähnen aufeinander los, und die Größten wogen bis zu fünf Tonnen. Rotbraun sind die zerfurchten Bergrücken zwischen Matmata und Tataouine im Südosten Tunesiens heute. Vor sechsundsechzig Millionen Jahren waren sie dunkelgrün. Die Gegend war fruchtbar, von Urwäldern überzogen – und sie war Heimat riesiger Echsen, ein bevorzugtes Weide- und Jagdgebiet zahlreicher Dinosaurier.

Forscher ringen den zerfurchten Felsen, die zwischen

TUNESIEN

◎ Gabès

● Tataouine

dreißig und hundert Kilometer von der Mittelmeerküste entfernt sind, heute Zähne und Knochen der Riesen aus der Vorzeit ab, finden ganze Skelette im Bergland der südtunesischen Gouvernorate von Medenine und Tataouine vor allem auf dem isoliert gelegenen Jebel Miteur-Plateau, im Beni-Ghdir-Tal und am Oued el Khil. Kinder suchen mit, finden Fossilien im Sand, Knochen in den Höhlen. Vieles wird einfach so verkauft, manches nicht mal für wertvoll erachtet – anderes der Nachwelt erhalten. Die Gegend zählt zu den reichsten paläontologischen Forschungs- und Grabungsgebieten Nordafrikas.

Die Dinosaurier scheinen sich hier einst sehr wohlgefühlt zu haben. Die Tunesier haben ein paar von ihnen inzwischen aus Stein, Kunststoff und Farbe in Lebensgröße nachgebildet, hoch oben und schwer zugänglich in die Felsen gestellt, als sollten diese Modelle zeigen, wer einst Herr über die Täler und Gipfel der Region gewesen ist. Allabendlich erwachen sie scheinbar zum Leben, wenn in der Dämmerung Tag, Nacht und die Zeiten verschwimmen und in der urweltlichen Felslandschaft für einen Moment alles möglich zu sein scheint. Als ob ein neun Meter langes Iguanodon hundertfünfundzwanzig Millionen Jahre nach seinem Tod wieder erwacht wäre und den Hals über die Felskante Richtung Landstraße reckte. Als ob ein vor sechsundsechzig Millionen Jahren ausgestorbener Carcharodontosaurus, eines der gefährlichsten und größten Raubtiere aller Zeiten, im Halbdunkel vor einer gewaltigen Felsspalte auf Beute wartete und seinen fast fünfzehn Meter hohen Schatten im letzten Sonnenlicht auf das Gestein würfe. Er lässt einen Eselskarren voller Kaktusfeigen passieren, einen Landrover, den Schulbus auf dem Nachhauseweg.

»Auch diese Nacht wird er sich nicht bewegen«, ist sich Moncef Hassan sicher. »Aber die echten Dinosaurier sind da. Ihre Knochen sind gefangen im Stein, versteckt im Sand. Überall. Noch sehr viele. Es sind riesige Echsen, aber auch Fische, Korallen, längst ausgestorbene Insekten darunter. Als ob der Fels plötzlich über sie gekommen wäre und sie für fast immer eingeschlossen hätte. Selbst wer nur flüchtig schaut, kann heute welche finden.« Der alte Mann mit dem grauen Haarkranz ist hier aufgewachsen, hat als Kind Saurierzähne gesammelt, ohne zu wissen, was es war. Er hat riesige Knochen aus dem Boden wachsen und Wissenschaftlerteams kommen und gehen sehen. Heute gehören ihm zwei Bänke und ein Tisch, ein Kessel und ein paar bemalte Tassen aus Ton an der Landstraße nach Toujane. Morgens baut er sie auf, abends nimmt er das Geschirr mit nach Hause ins Dorf, und mit ein bisschen Glück wird er Jahrmillionen nach den Sauriern von den Riesen aus der Urzeit profitieren. Moncef Hassan hat einen Stand im Nirgendwo an der knapp zwei Geländewagen breiten Piste – und hofft auf die Dino-Fans. Die Rückwand seines schmalen Cafés ist der Felsen, das Dach der Himmel, die Klimaanlage der Wind. Ein paar Landrover sind es inzwischen jeden Tag, die sich die Serpentinen hinab Richtung Toujane schrauben, zu den Ksars, den alten Berberfestungen des Binnenlands, und vielleicht noch weiter zu den Fundstätten der Riesenskelette. Manche machen einen frisch gebrühten Pfefferminztee lang bei Moncef Hassan Station. Sie kommen aus Matmata, haben dort die Wohnhöhlen der Berber besichtigt und nehmen nun den unbequemen Weg über die Berge, um Tunesien auch abseits der vielbereisten Routen zu entdecken.

Die Region führt touristisch bislang ein Schattendasein. Das sollen die Saurier ändern: Ein Rundfahrtsweg durchs steinerne Archiv der Erdgeschichte ist angelegt worden, erste Fundstellen an diesem »Jurassic Trail« durch Südtunesien sind ausgeschildert worden. Noch viel mehr Tafeln sollen schon bald erklären, was dort jeweils gefunden wurde, wer dort gelebt hat und wie viele Millionen Jahre das her ist. Wenn alles fertig ist, wird Moncef Hassan einen zweiten Kessel anschaffen und eine weitere Bank zimmern müssen. Er lächelt bei dem Gedanken und glaubt doch kaum an plötzlichen Kundenandrang: »Diese Berge haben vieles kommen und gehen gesehen. Sie waren Meeresgrund, sie waren Flussufer und Savanne. Und alles hat seine Zeit gebraucht. Ich muss wahrscheinlich keine Eile haben mit dem neuen Kessel.« Aus einer Box schallt arabische Folklore. Tamburingetrommel, Schellenklänge, dazwischen so etwas wie Dudelsackmusik, alles umrahmt von rhythmischen Gesängen, alles mit so viel Schwung, als wollte er damit die schlafenden Dinosaurier wachrütteln.

Meist führen nur die schmalen Pfade der Berber hinauf zu den Plateaus, auf rutschigem roten Geröll über die Berge. Manchmal erschließen enge Straßen einst völlig versteckt liegende Dörfer, deren Gebäude sich farblich nicht von den Felsen unterscheiden, als sollten sie für immer ungesehen bleiben.

Die Berge sind faltig wie ein hingeworfenes Handtuch, sehen aus wie der zerfurchte Panzerrücken eines schlafenden Drachens, der jeden Moment aufstehen könnte. So, als hätte die Natur die Dinosaurier von einst nicht nur in diese Felsen einschließen, sondern ihnen ein steinernes Denkmal meißeln wollen. »Manchmal«, sagt Moncef,

»ist es in sternenlosen Nächten so, als bewegte sich alles. Als hörte man tief in der Erde die Schritte der Giganten. Es dröhnt, als kämen die Saurier zurück und warteten an einem Ausgang, dass sich die Felsen öffneten.« Er greift nach seiner Teetasse, schlürft, schaut in die Weite – und verzieht keine Miene. Als ob er jeden Moment mit ihrer Rückkehr rechnete.

... *IN KHARTUM*
AM ZUSAMMENFLUSS VON WEISSEM
UND BLAUEM NIL

Zielflughafen: Khartum
Airport-Code: KRT
Hängenbleibegrund: Unruhen und Ausgangssperre

Nachts verändert diese Stadt mehr als die meisten anderen ihr Gesicht, zieht einen Schleier aus Dunkelheit über die Straßen. Licht gibt es in manchen Stunden oft nur entlang des Nils, im Diplomatenviertel, rund um die Regierungsgebäude, am Flughafen. Die Vororte versinken noch oft in finsterer Nacht, erhellt nur vom flackernden Schein eines Feuers, vom matten Licht einer Kerze im Fensterrahmen. Niemand, der um diese Zeit mit dem Flugzeug über der Stadt einschwebt und neben geparkten weiß lackierten Maschinen mit den Buchstaben »U« und »N« am Rumpf aufsetzt, ahnt etwas von der Dimension, von den gut achteinhalb Millionen Menschen, die hier in der Metropolregion leben.

Dabei hat es die Siedlung am Zusammenfluss von Weißem und Blauem Nil zusammen mit Omdurman am anderen Flussufer zur zweitgrößten Metropolregion Afrikas nach Kairo und noch vor Johannesburg und Lagos gebracht. Sie ist die Hauptstadt eines ölreichen Landes, das noch in Armut lebt: Khartum im Sudan.

Ein touristisches Ziel ist Khartum nicht. Kaum jemand reist in den Ferien in diese Stadt mit ihrem eindrucks-

SUDAN

◎ Khartum

vollen Nationalmuseum voller selten gesehener Artefakte aus der Pharaonenzeit. Kaum ein Fremder hockt im Café am Ufer, wo Weißer und Blauer Nil aus den Tiefen Afrikas sich zu einem Fluss vereinigen. Auch nicht vor dem Bürgerkrieg.

Das Lächeln der Einheimischen in den Straßen aber heißt überdeutlich »Herzlich willkommen« und »Wie schön, dass ihr endlich da seid«. In den Vororten sprechen sie es aus, weil sie sich dort weniger beobachtet fühlen. Einer legt die rechte Hand auf sein Herz und sagt »Salam Aleikum«. Ein anderer klopft den Fremden für keine andere Leistung als die bloße Anwesenheit auf die Schulter. »Good to have you here. Welcome to Sudan – schön euch hier zu haben, willkommen im Sudan«, sagt er. Ein gutes Gefühl, hier zu stranden.

... *IN MEROË*
IM REICH DER
SCHWARZEN PHARAONEN

Zielflughafen: Khartum
Airport-Code: KRT
Hängenbleibegrund: Nilfähre von Atbara kaputt

Wahrscheinlich haben sie ihn erst gestern eingemauert, den letzten Stein gesetzt, den Eingang verschlossen, sind in endloser Prozession davonmarschiert. Und über Nacht kam die Wüste. Stürme trugen feinsten Sand herbei, türmten die gelben Körnchen zwischen den Pyramiden auf, modellierten bei Dunkelheit Dünen vor den angrenzenden Tempel des verstorbenen Pharao. Die Hieroglyphen dort sind seltsam klar, wie gestern gemeißelt. Göttin Isis schaut dem Toten hinterher. Jeder ihrer Züge ist sichtbar, kaum ein Detail verwittert, kaum eines weggeschrubbt von den Jahrtausenden. Und ein paar Schritte weiter liegen noch die Steine, aus denen die Maler von einst die Pigmente für ihre Farben gelöst haben. Viele der über zwei Dutzend Pyramiden von Meroë im Sudan sind nahezu in einem Zustand, als wären sie erst vor Kurzem errichtet worden und als lebten ihre Baumeister noch heute in den fünf, sechs Kilometer entfernten einfachen Dörfern mit Häusern aus Lehm unten am Nil – als kennten die vier Reiter, die morgens auf ihren Dromedaren an dem Ausgrabungsfeld vorbeiziehen, die Pharaonen noch persönlich. Nicht anders ist es bei den

SUDAN

● Meroë

◎ Karthum

etwa dreihundert Kilometer entfernten Pyramiden von Jebel Barkal.

Das Reich der alten Ägypter erstreckte sich einst bis tief in den heutigen Sudan hinein. Ein paar Jahrhunderte lang regierten Nubier all das. Bedeutendster der »Schwarzen Pharaonen« war Taharqa, der als Eroberer aus dem Süden kam. Bestattet ist er in seiner Pyramide im sudanesischen Nuri am Ostufer des Nils. Sechs Fahrtstunden von seinem Grab, fünf vom berühmteren Pyramidenfeld von Meroë entfernt wacht er bis heute in Überlebensgröße aus Stein gehauen im Eingangsbereich des sudanesischen Nationalmuseums in Khartum. Es ist dunkler Stein, glatt poliert. Und Taharqas granitenes Ebenbild trägt bis heute die Doppelkrone von Ober- und Unterägypten.

Weil der Sudan seit Jahrzehnten im Schatten liegt, wissen außerhalb des Landes nur Fachleute, dass es dort viel mehr Pyramiden als in Ägypten gibt. Über hundert sind es. Und auch die Tempel von Musawwarat und von Naga mit ihrer Allee aus Widder-Sphingen stehen den ägyptischen Überbleibseln der Pharaonenzeit an Pracht nicht nach. Wer mag, kann dort mit Blick auf die Reliefs von Amun und dem löwenköpfigen Gott Apedemak Zwiesprache mit der Vergangenheit halten.

Drumherum hat die Natur karge Landschaften aus hellem Sand und schwarzen Felsen modelliert, mit ein paar Akazien und trockenen Büschen gespickt, mit Dromedaren, Ziegen und Schafen. Sie hat die Weite alle paar Dutzend Kilometer mit ein paar Nomadenzelten dekoriert. Und urplötzlich stehen Menschen im Nichts mit einem Arm voll trockenem Holz für das Feuer in einem unsichtbaren Haus oder Zelt irgendwo hinter dem nächsten Hügel.

Der Nil ist oft weit – aber wo er fließt, ist Farbe: das satte Grün schmaler Felder, dichter Dattelpalmenhaine, kleiner Mangoplantagen. Dazwischen ackern Menschen in alttestamentarischen Szenen nicht anders als zu Zeiten der Pharaonen. In langen weißen Gewändern stehen die Männer auf den Feldern, pflügen und eggen mit einfachsten Mitteln und ganz ohne Maschinenkraft.

Wer es zu gewissem Wohlstand gebracht hat, besitzt das Statussymbol der Gegenwart, das er sich selbst dann ans Ohr hält, wenn er auf seinem Esel in einem sandigen Provinznest wie Shendi über den Markt zwischen Türmen aus Melonen und Kisten voll teurer Hühnereier hindurchreitet. Es macht nichts, wenn der Esel dazwischenquatscht und sich ins Gespräch einmischt. Handys gehören auch hier zum Alltag gerade der Jüngeren, denn inzwischen gibt es ein Netz entlang des Niltals. Fast alles andere im Sudan abseits der wenigen Überlandstraßen existiert außerhalb der Zeiten.

Amun schläft noch, während die Muezzins in der Ortschaft Karima zu Füßen des Jebel Barkal, des heiligen Berges der alten Ägypter, bereits vor Sonnenaufgang zum ersten Gebet rufen. Ein paar Widder-Sphingen und zwei Hathor-Säulen stehen noch. Aber Sonnengott Amun hat Platz gemacht für das, was nach ihm kommen sollte. Sein Tempel ist zerfallen, noch von niemandem wieder zusammengeflickt. Doch nur ein paar Kilometer weiter, in El Kurru am Nil, verschwimmen die Zeiten wieder: Nur die schweren Eisentüren sind aus der Gegenwart. Was dahinter kommt und sich viele Treppenstufen tiefer im Boden erstreckt, ist dreitausendfünfhundert Jahre alt und nahezu unberührt. Wer den Wächter fragt, darf in El Kurru in die Königsgräber hinabklettern, deren farbige Hieroglyphen so strahlend sind, als wären die Maler erst vor Stunden abgerückt – obwohl dort seit über hundert Generationen niemand mehr nachgebessert hat. Das Gelb, das Rot der Götterbilder, das strahlende Weiß drumherum – all das leuchtet im Schein von Taschenlampen wie am ersten Tag.

Ob die Pharaonen geahnt haben, wie still die Orte ihrer Bestattung auch nach Jahrtausenden noch sein werden in El Kurru, am Jebel Barkal, in Nuri und in Meroë? Ob sie sich ausmalten, dass in ferner Zukunft an manchem Nachmittag Einheimische mit Unimogs nach Meroë kommen würden, um im Schatten der größten Pyramide bis zum Sonnenuntergang miteinander zu singen und zu tanzen, Männer und Frauen, ungesehen von strengen Sittenwächtern? Niemals werden sie daran gedacht haben, dass eines Tages auf einem Felsplateau zwei Kilometer abseits der Pyramiden ein Camp mit möblierten Safarizelten, jedes vier mal vier Meter groß, mit Ölfunzeln und Aussichtsterrasse errichtet werden würde – alles für die erhofften Fremden, die eines Tages auf den Spuren dieser Schwarzen Pharaonen durchs Land reisen sollten. Diese Zelte sind selten ausgebucht, und sortiert der Wind dort den Sand neu, fegen dienstbare Geister die Körnchen schnell wieder von den Veranden. Weil alles akkurat sein soll, bald Gäste kommen könnten – und weil es viele werden dürften, wenn endlich Frieden ist.

... *IN DER MASAI MARA*
WO LÖWEN DAS TEMPO
DIKTIEREN

Zielflughafen: Nairobi
Airport-Code: NBO
Hängenbleibegrund: Großwild auf Brücken,
Straßen, Startbahnen

Sie wollen einfach nicht mehr aufstehen, haben es sich diesmal direkt vor der einzigen Behelfsbrücke über den Mara River weit und breit bequem gemacht und rekeln sich in der Sonne. Die zwei Geländewagen, die nur allzu gerne passieren möchten, nachdem bereits jede Menge Fotos geschossen sind? Sind ihnen egal. Die Löwenfamilie hier im wildreichsten kenianischen Nationalpark nicht weit von der Grenze zu Tansania will nicht weichen. Und sie hat das Hausrecht. Dass dadurch der Zeitplan durcheinanderkommt, der Check-in in der nächsten Lodge erst bei Dunkelheit erfolgen wird oder sogar der Flugplan eines kleinen Buschflugzeugs durcheinandergerät? Ihnen egal. Und letztlich sogar ein großes Glück!

Denn am Ende scheint es, als hätten sich die Löwen an diesem Tag mit den anderen Tieren der Wildnis abgestimmt: mit dem Nashorn zum Beispiel, das ein paar Kilometer weiter plötzlich von links nach rechts über die Piste trampelt, um schließlich einen weiten Bogen zu schlagen, denselben Weg noch mal zurückzulaufen und dabei die Savanne zum Vibrieren zu bringen. Wäre

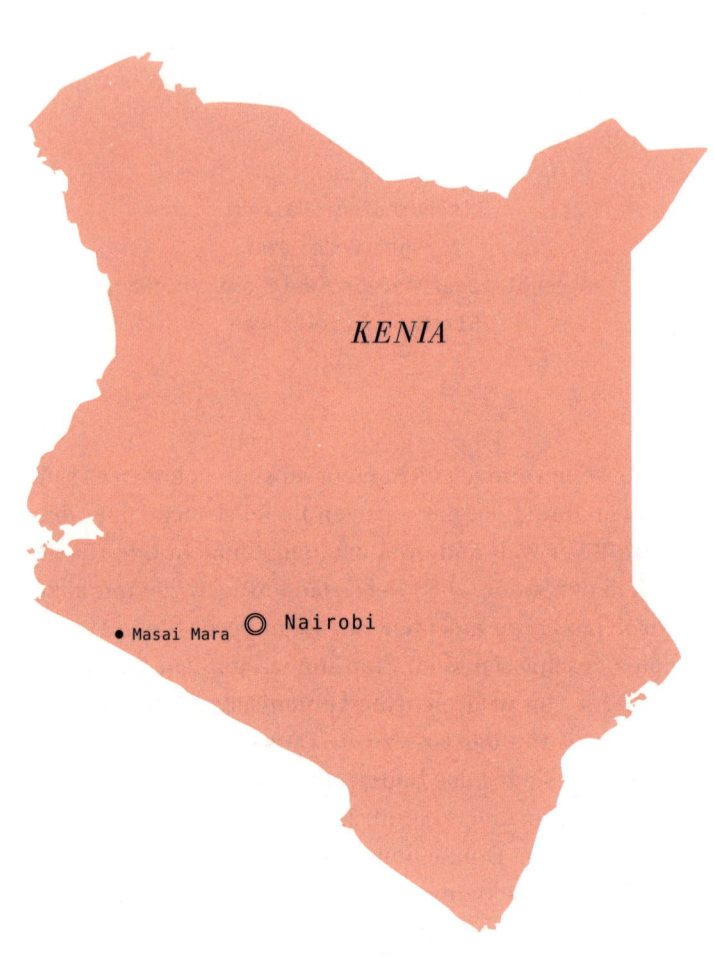

KENIA

● Masai Mara ◎ Nairobi

es anderthalb Stunden vorher auch im genau richtigen Moment an genau dieser Stelle gewesen? Wahrscheinlich nicht. Oder die Giraffen, die ein paar Hundert Meter weiter gerade in aller Ruhe Blätter aus den Baumwipfeln rupfen und sich dabei fürs Erinnerungsbild in Positur werfen? Wer weiß. Wären die Elefanten mit ihrem Jungtier auch neunzig Minuten eher an der Wasserstelle gewesen? So nah, in ihrem Zuhause, ohne jeden Zaun? Und immer auf der Hut?

Die Lodge steht auch anderthalb Stunden später noch an der richtigen Stelle, der Fahrer kennt die Gegend wie seine Westentasche und findet sich auch bei Dämmerung zurecht. Was bleibt, ist dies: ein großes Dankeschön an die Löwen dafür, den Zeitplan so erfolgreich verändert zu haben.

... *AUF DEN SEYCHELLEN*
INSEL-WINZLING
LA DIGUE

Zielflughafen: Praslin
Airport-Code: PRI
Hängenbleibegrund: Von hier will niemand
freiwillig wieder weg

Manchmal gibt es diese schönen Tage, an denen das Boot einfach nicht kommt. Der Grund ist jedes Mal unwichtig, einfach bleiben zu können umso entscheidender – sofern denn auf dem Flughafen der Seychellen-Hauptinsel Mahé nicht gerade die gebuchte Langstreckenmaschine für den Flug nach Hause wartet. Denn es gibt viel Schlimmeres, als auf La Digue zu stranden, diesem Inselwinzling im Indischen Ozean mit seinen fast weißen Stränden. Mit Buchten, die von rosa schillernden Granitfelsen begrenzt und von Kokospalmen wie aus dem Bilderbuch gesäumt sind, mit Sandwegen durch Palmenhaine, mit pastellfarben getünchten Häusern – und den Menschen dazu. Die Zeit scheint hier langsamer zu vergehen, für Hektik besteht offenbar Einreiseverbot, Stress ist noch nicht erfunden und jeder Tag verstreicht in seltsam unwirklicher Gelassenheit. Ist das Szenario schuld? Oder das sichere Gefühl, von hier aus sowieso nichts ausrichten zu können und irgendwie aus der Welt gefallen zu sein. Auf jeden Fall fühlt sich das sehr gut an.

Ein normaler Tag beginnt mit blauem Himmel und ein

Praslin

La Digue

SEYCHELLEN

paar Schäfchenwolken. Er endet genauso, und zwischendurch schüttet es einmal für zehn Minuten aus Eimern,
als wäre so ein einzelnes Wölkchen ganz unverhofft ge-
platzt. Und gleich danach scheint wieder die Sonne im
Paradies.

Sollte das irgendwem zu langweilig sein oder er mit
einer unverhofften Verlängerung nichts Rechtes anzu-
fangen wissen, könnte er Schätze suchen gehen. Etliche
sollen noch verborgen sein, der größte davon als Erbe
von Piraten um den Kapitän Olivier Levasseur, genannt
»Der Bussard«, aus dem achtzehnten Jahrhundert. Allein
der Finderlohn dürfte locker für etwas ganz Besonderes
reichen: ein Häuschen auf La Digue.

... *IN CEARÁ*
BRASILIEN
VOM BEACHBUGGY AUS

Zielflughafen: Fortaleza

Airport-Code: FOR

Hängenbleibegrund: Rückenschmerzen nach der

Buggyfahrt – und ein Arzttermin für den

Folgetag

Odualdo fährt Schlangenlinien um ein paar Badelaken, lässt seinen Wagen einen Haken vorbei an Strandfußballern schlagen und mehr als nur eine Sekunde lang scheint es so, als wollte er einen Schuss aus der Ferne unbedingt mit der Motorhaube aufnehmen und ihn ins aus zwei Stückchen Treibholz im Nirgendwo der brasilianischen Küste improvisierte Tor bugsieren: Er winkt, lacht, lenkt, ruft etwas, lacht wieder, lenkt noch mal – und hat das Spielfeld mit seinem blauen Buggy schon wieder hinter sich gelassen.

Die Feierabendfußballer hier am Strand bei Morro Branco im Nordosten kennen das schon, finden das lustig, rufen Kalauer, die der Wind in die Gegenrichtung verschleppt, ehe die Worte Odulado Almeida hinter seinem Fahrersitz erreicht haben. Sie kennen einander, und die Grenzen sind fließend. Wer nicht gerade Fußball spielt, ist entweder Fischer oder Buggyfahrer. Und wer nicht gerade fischt oder motorisiert bei Ebbe über den harten, flachen Sand rast und irgendwann hinter den

BRASILIEN

Fortaleza

Dünen in Richtung Lagune von Uruau verschwindet, der spielt Fußball im Sand.

Bei Ebbe ist der Strand hier fast hundert Meter breit, der Sand bretthart. Und Dutzende Kilometer lang ist er sowieso. Dann kurven hier ein paar Dutzend von den Buggys entlang. In Dunkelblau wie der von Odualdo, in knalligem Orange, in Rot, in Weiß. Und manchmal ist einer dazwischen, der schwarz-weiß lackiert ist und ein blaues Blinklicht auf dem Holm hat. Dann mischt die Polizei mit und ist auf Patrouille mit ihrem Strandfahrzeug.

Ein paar Leute, die es sich leisten können, besitzen solche Buggys als persönliche Spaßfahrzeuge. Das sind die, die in Fortaleza leben und am Wochenende in ihr Ferienhaus hier an den Stränden kommen. Die meisten der Gefährte aber kurven als Strandtaxi hin und her: um Fahrgäste mal eben die zehn Kilometer direkt am Strand entlang nach Barra do Sucatinga zu bringen, statt die dreifache Strecke außen um den Dünengürtel herum im herkömmlichen Auto über die Landstraße nehmen zu müssen. Mehr noch aber nutzen Urlauber diese flotten Cabrios mit der harten Federung und den durchaus unbequemen Sitzen, um ein oder zwei Stunden lang auf große Fun-Fahrt an den Wellen des Südatlantiks entlang und hinein in die Dünen zu gehen. Vermietet werden sie nach dem Taxiprinzip: mit Fahrer. Und selbst die stecken oft genug im Dünensand fest. Sie stranden am Strand, eine Kunst an sich. Aber anders als Selbstfahrer kennen die Profipiloten ein paar Tricks, um wieder herauszufinden ... Wie oft das geschieht? Odulado grinst: »An guten Tagen einmal. An schlechten Tagen gar nicht, weil wir neben der Beachbar erfolglos auf Passagiere gewartet haben.«

Preiswert sind die Buggyexpeditionen nicht. Mit über fünfzig Euro pro Stunde muss man rechnen. Die Fahrer haben genauso wenig davon wie die Besitzer der Gefährte. Das Geld fließt vor allem in Reparaturen. Odualdo ist beides zugleich, hat vor acht Jahren seinen derzeitigen Buggy gebraucht gekauft und umgerechnet dreitausend Euro dafür hingeblättert. Gebaut wird dieses Modell auf Basis der Bodenplatte des alten VW-Käfer seit 1995 nicht mehr. »Das Fiberglas hält ganz gut«, erzählt er, »aber die Metallteile müssen oft ausgetauscht werden, korrodieren im Seewind, und manchmal fahren wir durchs seichte Wasser. Das macht einen Riesenspaß – aber gut für den Buggy ist das nicht. Und einmal im Jahr brauche ich einen neuen Motor. Der viele Sand, das Salz. Das setzt ihm zu.«

Was den Reiz der Buggyfahrt ausmacht? Es ist dieses Gefühl, es ist der warme Fahrtwind und der Ausblick in alle Richtungen – nicht der Komfort in dieser Karre, denn der ist in fast allen Achterbahnwagen dieser Welt größer. Vor allem ist es diese Straße, die es gar nicht wirklich gibt, diese Piste, die erst beim Fahren entsteht und auf der man nur mit diesen Dingern unterwegs sein kann. Und der Reiz liegt auch darin, etwas zu tun, was zu Hause so nicht geht. Weil es nicht erlaubt ist. Weil der eigene Wagen es nicht mitmacht, es keine solchen Buggys gibt. Und weil das Wetter dafür irgendwie nicht passt.

Odualdo dreht erst die Musik lauter, lässt Sambaklänge aus den übergroßen Boxen schallen, steuert ein kleines Strandrestaurant an, beschallt es vom Wagen aus, während er längst an einem der wackeligen Holztische Platz genommen hat: Zeit für einen Boxenstopp und für eine Stärkung, für frittierte Camarão – fangfrische Krabben –

mit einem Dip aus Kokosmilch, Koriander und Zwiebeln zum Beispiel, für Antarctica-Bier für die Passagiere, eine große Cola für den Fahrer.

Die Fischer aus der Nachbarschaft haben die Krabben erst vor ein paar Stunden aus dem Atlantik gezogen, waren mit ihren flachen Jangada-Segelbooten draußen auf Fangfahrt, hocken jetzt am Nebentisch und prosten einander mit Cachaça zu. Darauf, dass Feierabend ist. Und weil einer so nett fragt, dreht Odualdo schnell mal eine Runde mit ihm im Buggy durch den Sand.

Die Dörfer hier am Meer haben zwar inzwischen Straßenanschluss Richtung Hinterland, doch die meisten Leute verlassen ihre kleine Welt aus ein paar Häusern, dem Tante-Emma-Laden und der Kapelle allenfalls mal zu Fuß über den Strand Richtung Nachbarort oder segeln mit ihrer Jangada hinaus. Und abends sitzen sie zum Plaudern zusammen – oder vorm Fernseher. Die Kinder sehen mehr von der Welt als die Generation ihrer Eltern und Großeltern. Sie holt morgens der Schulbus ab.

Hotels haben an der Küste des Bundesstaats Ceará abseits von Fortaleza noch immer Seltenheitswert. Es gibt ein paar, aber wirklich viele sind es nicht – sogar erstaunlich wenige für einen so prachtvollen Strand. Brasilianer auf Inlandsurlaub kommen hierher, Wochenendgäste aus der Großstadt, dazu ein paar Argentinier.

Warum unterdessen Odualdo die Sonnenbrille mit dem Goldrand die ganze Fahrt über nicht abnimmt? »Tut man nicht«, sagt er und grinst. »Ist uncool«. Und cool zu sein, ist hier wichtig, vor allem, wenn man Beachbuggyfahrer ist. »Die nehm ich nur zum Schlafengehen ab«, sagt der schlaksige Typ. »Nicht mal nachts in der Bar, erst später im Bett. Und jetzt im Dienst schon gar nicht.«

... *IN PUNTA DEL ESTE*
SÜDAMERIKAS
ST. TROPEZ

Zielflughafen: Punta del Este
Airport-Code: PDP
Hängenbleibegrund: Erhebliche Flugverspätung

Vormittags schläft diese Stadt aus: kaum Verkehr auf der vierspurigen Hauptstraße entlang der Dünen und in der Innenstadt, wenige Menschen in den Straßen. Nur die Kellner sind schon wieder aktiv und räumen mit Ringen unter den Augen Tische und Stühle an den Ramblas ins Freie, spannen Sonnenschirme auf und rüsten ihre Cafés, ihre Restaurants und die Beachbars an der Playa Brava und der Playa la Pastora für einen neuen Neunzehn-Stunden-Tag. Zwei Motorradpolizisten fahren fast alleine Patrouille auf Puntas Asphalt.

Für die vielen Mercedes-Taxis gibt es noch keine Touren. Sie parken am Fahrbahnrand. Erst mittags füllen sich die Straßen und wenig später die Sandstrände, kurven die Limousinen mit Stern oder springender Raubkatze auf der Kühlerhaube auf der Rambla General Artigas Richtung Jachtclub, schauen Flaneure in die Auslagen von Chanel und Gucci, von Prada und Ferragamo, von Chopard und Ralph Lauren an der Fashionmeile Avenida Juan Gorlero im Zentrum. Reiche fahren ihre hochglanzpolierten Oldtimer spazieren und freuen sich an den Blicken der Passanten. Rollerblader gleiten

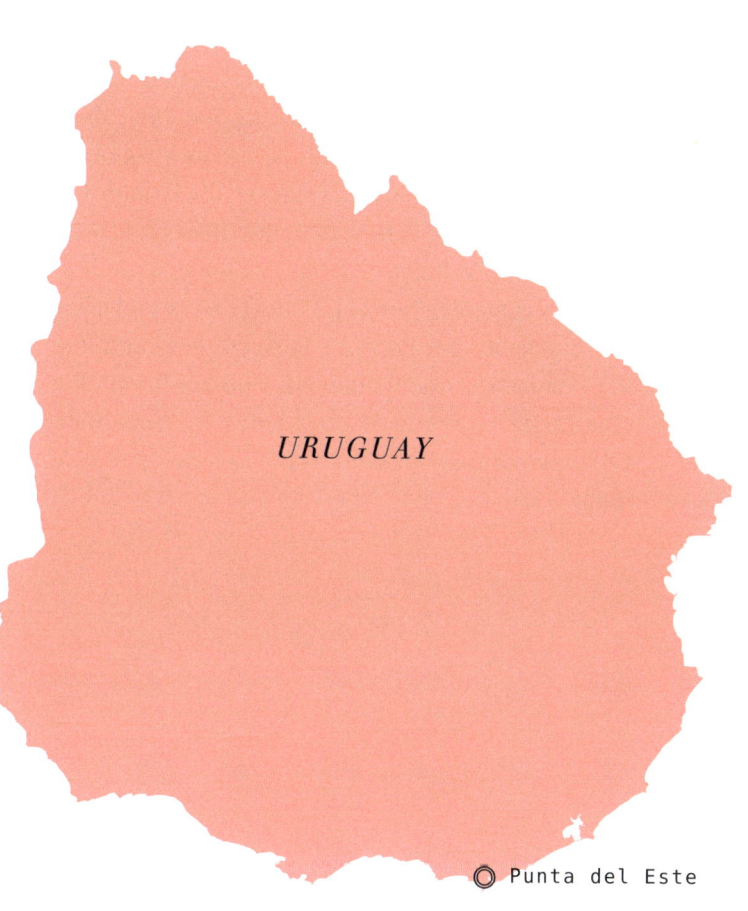

URUGUAY

◎ Punta del Este

in Badesachen die Parada entlang, Cabrios und Jeeps kurven nebenher.

Ihre ganze Lebensfreude entfaltet die Stadt Punta del Este als Party-Epizentrum der »Uruguayischen Riviera« erst bei Dunkelheit. Alle haben dann die Seele mit Sonne vollgesogen und stürzen sich aufs Neue ins Vergnügen. Feiern bei privaten Poolpartys. Riskieren die Urlaubskasse im Casino. Flirten und tanzen in den Bars und Discos des Szeneviertels La Barra.

Nur wer es romantischer mag, hockt etwas außerhalb am Strand, hört an der Playa de la Gruta bei Punta Ballena dem Rauschen der Wellen zu. Und köpft eine Flasche Champagner. Wann es ideal dafür ist? Sobald der Südhalbkugelsommer beginnt – immer spätestens ab Dezember.

... *AM RIO DE LA PLATA*
AM GRENZFLUSS ZWISCHEN
ARGENTINIEN UND URUGUAY

Zielflughafen: Laguna de los Patos
Airport-Code: CYR
Hängenbleibegrund: Autopanne

Nur zehn Autos tuckern diesen Nachmittag aus dem Bauch der Fähre »Atlantic III«. Sieben sind nicht weiter auffällig, eines ist eine hochglanzpolierte Limousine, zwei sind museumsreife Oldtimer – Baujahr irgendwann in den zwanziger und dreißiger Jahren. Drei überladene Kleinlaster holpern hinter ihnen über die Rampe. Anderthalb Stunden lang sind sie alle über die Fluten geschaukelt und verschwinden jetzt in den Kopfsteinpflasterstraßen. Wenig los an Bord diesen Nachmittag, kein Gedränge auf der Fähre über den Rio de la Plata zwischen der argentinischen Hauptstadt Buenos Aires am Süd- und Colonia del Sacramento in Uruguay am Nordufer.

Der Grenzfluss zwischen Argentinien und Uruguay hat keine Quelle und mündet ins Meer. Er ist kein Fluss im eigentlichen Sinn, eher eine Bucht, ein Fjord, ein eiszeitlicher Axthieb ins untere Drittel Südamerikas, eine Beschäftigungsinitiative der Geologie. Denn gäbe es ihn nicht, bräuchte man hier keine Schiffe und Ramon Jimenez wäre arbeitslos – mit ihm ein paar Dutzend Kollegen. Ramon ist Autoeinweiser auf der Fähre. Aber er hat schon bessere Zeiten gesehen – damals, als reiche Argentinier

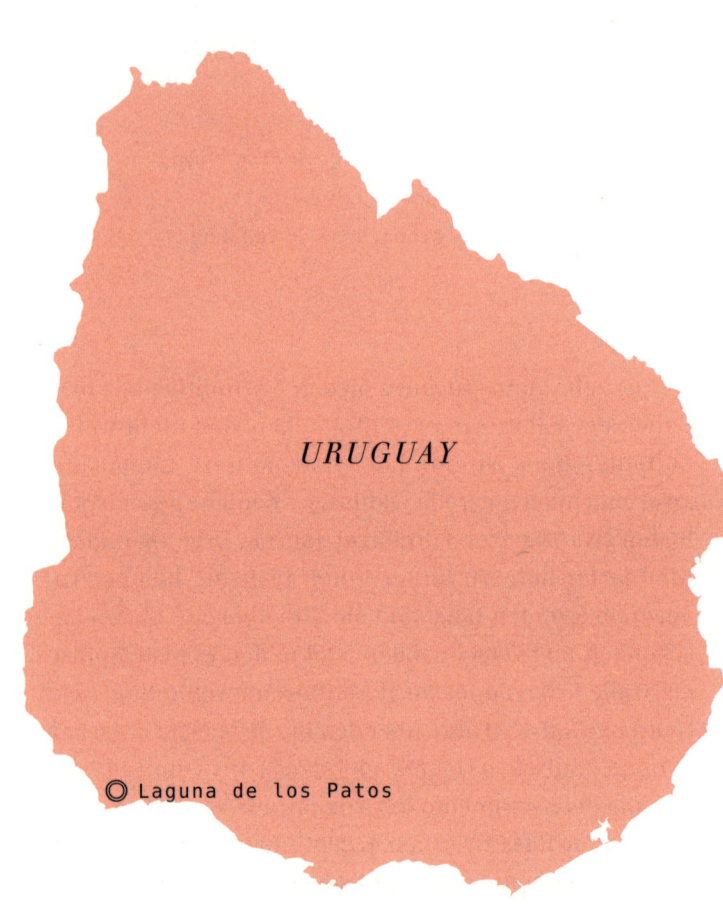

URUGUAY

◎ Laguna de los Patos

regelmäßig mit ihren Luxusschlitten in langer Reihe anstanden, um fürs Wochenende überzusetzen. Damals, als Ausflügler in Scharen nach Colonia schipperten.

Der Rio de la Plata ist der Mündungstrichter von Rio Uruguay und Rio Parana, die sich dreihundert Kilometer entfernt im Hinterland vereinigen. Sie beide münden quasi in diesen Fjord. An seiner breitesten Stelle misst er zweihundertzwanzig Kilometer. Sein Wasser ist angenehm warm, sein Ufer gesäumt von Pinien, von Kiefern, von Eukalyptusbäumen, von endlosem Weideland und goldbraunen Sandstränden – alles wie seit Jahrzehnten, manchmal Jahrhunderten. Trotzdem ist Ramons Job jetzt in Gefahr. Die Fähren fahren seltener: Rezession in Argentinien, der Peso immer wieder abgewertet, die privaten Bankkonten zeitweise eingefroren. Da reist kaum noch einer zum Kurzurlaub ins Nachbarland.

Ramon kann früher Feierabend machen und den Fluss aus einer anderen Perspektive erleben. Zwei Stunden vor Sonnenuntergang baut er sich mit seiner Angel auf den Felskuppen im seichten Flusswasser am Ortsrand von Colonia del Sacramento auf, schaut im Sonnenuntergang den Booten hinterher.

Als noch Geld da war, ist Colonia del Sacramento Straßenzug um Straßenzug restauriert und von der UNESCO als Welterbestätte unter Schutz gestellt worden. Früher war der Bilderbuchort an den Wochenenden des Südhalbkugelsommers voll mit lauten Tagesausflüglern aus Argentinien. Heute ist es meist stiller in den Gassen. 1680 gründeten die Portugiesen die Stadt, wollten ein Gegengewicht zur prosperierenden spanischen Gründung Buenos Aires setzen und errichteten mächtige Festungsanlagen, in deren Schatten sich bis heute bonbonbunte

Häuschen ducken – die größeren mit langen Korridoren, die in verträumte Innenhöfe münden. Mit Reichtümern, die niemand von der Straße aus erahnen sollte.

Ein paar Wirte haben in der Altstadt von Colonia del Sacramento Tische herausgestellt. Kerzen flackern im sanften Wind, zwei Pferde traben über das Kopfsteinpflaster. Von irgendwoher dringt Tangomusik aus einer Lautsprecherbox. Im Restaurant gegenüber spielt jemand Gitarre. Vier Amerikaner prosten sich mit Mendoza-Rotwein zu, bekommen mehr als tellergroße Steaks serviert. Einen Tisch weiter hockt ein Pärchen, ist bereits beim Nachtisch angekommen und probiert Queso con dulce – Käse mit Quittengelee. Ramon hat sich an einen der Tische gesetzt, plaudert mit dem Kellner, und irgendwann stoßen die beiden auf Kosten des Hauses mit argentinischem Sherry an. Auf den nächsten Tag. Auf viele Fährpassagiere. Auf die Rückkehr besserer Zeiten.

... *IN PALENQUE*
IM DSCHUNGEL
DER MAYA

Zielflughafen: Villahermosa
Airport-Code: VSA
Hängenbleibegrund: Heftiger Regen und
Überschwemmung der Landstraße

Wenn man die Augen schließt, glaubt man sie noch immer zu hören: ihre Trommeln, ihre Lieder, ihre Stimmen zwischen all den Geräuschen des Urwalds. Und öffnet man sie wieder, sind sie in derselben Sekunde verschwunden, als hätte das dichte Dunkelgrün sie in Windeseile verschluckt. Als wären sie im Moment eines Blinzelns hinter ihren Tempeln und in ihren Pyramiden verschwunden, getarnt vom grauen Stein und hinter der zum Schneiden klebrigen Luft. Die eigene Fantasie macht so etwas mit einem, ohne Zutun, einfach so. Sie zaubert die Maya wieder hierher, zurück in ihre so gut erhaltene Dschungelstadt Palenque hoch oben und gut versteckt in den Bergen des mexikanischen Bundesstaats Chiapas.

Aus dem Urwald erheben sich die Stufen der Bauten dieses Volkes, das vor gut einem Jahrtausend noch vor der Ankunft der spanischen Eroberer unterging und fast alle Geheimnisse mit in den Abgrund der Zeiten nahm. Ein paar ihrer entfernten Nachkommen, die Lakandonen, verkaufen heute Andenken vorm Eingang zur Ausgrabungsstätte, dösen lustlos in der Hitze neben ihren

199

MEXIKO

Villahermosa ◎ •Palenque

Ständen mit Bastelarbeiten. Sie haben dieselben Nasen, dieselbe längliche Schädelform wie ihre Vorfahren auf den Fresken an den Tempeln, sie haben etliche ihrer Gene und wissen doch so wenig um den Verbleib der Maya wie alle anderen. Der Urwald, aus dem es vor lauter Luftfeuchtigkeit dampft und der schon nach wenigen Schritten undurchdringlich wird, hat ihre Geschichte gefressen und nur ein paar Gebäude freigegeben. Allenthalben sind sie von symmetrischen Hügeln und überwucherten Stümpfen umgeben. So vieles wartet hier noch auf Ausgrabung, so viel ist noch zu entdecken – würden die Archäologen doch bloß länger bleiben, bekämen sie mehr Geld. Und wäre das Klima ein bisschen milder nur – dann ließe es sich hier länger aushalten.

... *AUF CAYMAN BRAC*
KARIBIK AUS DER
HÄNGEMATTENPERSPEKTIVE

Zielflughafen: Cayman Brac
Airport-Code: CYB
Hängenbleibegrund: Flughafensperrung

Ein Grundstück gilt als landestypisch bebaut, wenn zwischen den Palmen zwei Hängematten gespannt sind. Das ist genug, um es sich auf Cayman Brac gut gehen zu lassen. Wände braucht man fürs Erste nicht, ein Dach auch nicht. Falls einem doch mal der Sinn nach einem Gebäude stehen sollte, kann man ja in eine Bar gehen und mit irgendwem mit einem Becher Rum anstoßen. Sollten neue Krisen die Welt erschüttern, wird es länger dauern als anderswo, bis auch hier auf dieser abgelegensten Insel des Cayman-Archipels in der westlichen Karibik der Alltag durcheinandergerät. Sollte sie untergehen – auf Cayman Brac wird es erst ein paar Tage später geschehen. Im Atlas liegt die Insel fast auf dem Wendekreis des Krebses. In Wirklichkeit liegt sie hinter dem Mond.

Knappe neunzig Flugminuten ist die Nummernkonto- und Schwarzgeldinsel Grand Cayman von Miami entfernt, weitere zwei Stunden dauert der Himmelsritt mit der Linienpropellermaschine mit Zwischenlandung auf Little Cayman nach Cayman Brac. Weniger als achtzehnhundert Einwohner hat dieses Eiland – und mindestens

Cayman Brac

CAYMAN-INSELN

genauso viele Hängematten. Achtzehn Kilometer ist es lang, etwa anderthalb breit. Keine einzige Häueransammlung rechtfertigt, von einer Stadt oder auch nur einem größeren Ort zu sprechen. Ballen sich an einer Stelle zwanzig bunt getünchte Holzhäuschen, dann ist das bereits viel.

Wer einen Urlaub lang nicht auffindbar sein oder schlicht den Weltuntergang verpassen möchte, dürfte hier richtig sein. Manchmal scheint es, als hätte man sogar auf Grand Cayman längst vergessen, dass auch Cayman Brac noch zum selben Archipel zählt. Und das Risiko, hier zu stranden, ist groß: freiwillig. Wegen der Sonne, des Rums, der Hängematten. Oder unfreiwillig, weil die Linienmaschine zum Abholen wieder mal nur bis Little Cayman gekommen ist.

... *AUF DEN ÎLES DES SAINTES*
WO EINST DIE PIRATEN
HAUSTEN

Zielflughafen: Terre-de-Haut
Airport-Code: LSS
Hängenbleibegrund: Flugausfall,
Abholermaschine defekt auf Guadeloupe
liegengeblieben

Irgendwer kam 1889 auf die Idee, inmitten des Hafenvorplatzes eine Bronzebüste auf einer Säule zum Gedenken an den hundertsten Jahrestag der Französischen Revolution aufzustellen. Sie findet etwa so viel Ehrerbietung wie eine gold lackierte Kokosnuss in einer Pariser Metrostation. Die Îles-des-Saintes in der Karibik gehören politisch zwar zu Frankreich, trotzdem ist die Grande Nation weit weg.

Mit dem wohlklingenden und vom euphorischen Entdecker Columbus bescherten Namen »Insel der Heiligen« nahm man es zwischenzeitlich nicht ganz so genau. Da waren Les Saintes, so werden sie heute abgekürzt genannt, eine Piratenhochburg. Irgendwann aber entdeckten die Einheimischen, dass Müßiggang auch seine Reize hat, und verlegten sich darauf, im Schaukelstuhl unter Kokospalmen zu dösen, zwischendurch mal eine Runde Cocktails zu mixen und nichts anderes zu tun, als das Leben zu genießen. Längst kommen Urlauber, vor allem Tagesbesucher von der weitaus größeren Nachbarinsel

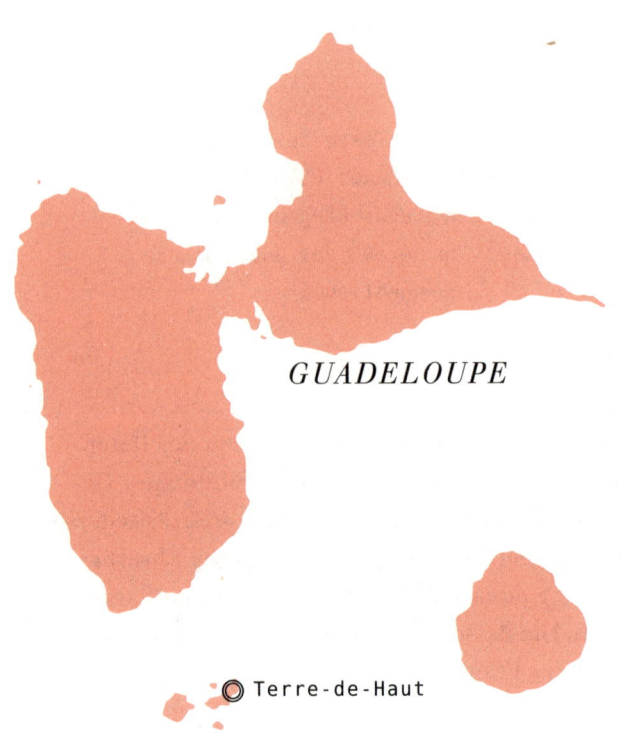

GUADELOUPE

◎ Terre-de-Haut

Guadeloupe, die ihnen genau das nachmachen. Über alledem flattert derweil im warmen Tropenwind die Trikolore – und das ganz ohne eingearbeitete Relikte des Knochenmanns.

Von Ferne pöttert ab und zu ein Propellerflugzeug heran, zieht über die Köpfe hinweg und hält im Sturzflug auf die pastellfarbenen Häuschen von Terre-de-Haut zu, um gleich dahinter mit Pelikanen um die Landevorrechte auf einer viel zu kurz geratenen Piste zu streiten: Anflug auf Les Saintes – die weniger herzschonende Anreisealternative zum Schnellboot aus Guadeloupe. Ob es vorkommt, dass man hier strandet? Hoffentlich! Möge das Boot kaputtgehen und das Flugzeug für den Rückflug möglichst lange ausfallen.

... *IN KEY WEST*
WO FLORIDA
ENDET

Zielflughafen: Key West
Airport-Code: EYW
Hängenbleibegrund: Verschlafen

Es gibt Vorschriften, die wirken erst albern und machen dann doch Sinn – weil sie das Leben erleichtern und die Sicherheit erhöhen. Auf den Florida Keys ist das so. Dort gilt Sonnenbrillenpflicht für die Seven Mile Bridge, eine elf Kilometer lange Betonbrücke auf Stelzen über den Ozean zwischen den Inseln Vaca und Bahia Honda Key. Der fast weiße Straßenbelag reflektiert das Sonnenlicht tatsächlich so intensiv. Zusätzlich müssen die Autoscheinwerfer am helllichten Tag eingeschaltet sein. Bei den stets schwierigen Lichtverhältnissen soll dem Gegenverkehr so erleichtert werden, Entfernungen besser abzuschätzen.

Die Brücke ist aus Kino und Fernsehen bekannt, Arnold Schwarzenegger drehte hier »True Lies«. Und ein paarmal im Jahr schafft sie weltweit den Weg in die Nachrichtensendungen: wenn wieder mal ein Hurrikan über Florida fegt und der Highway von und nach Key West einschließlich der berühmten Brücke komplett gesperrt ist – und an beiden Enden Gestrandete darauf warten, endlich wieder passieren zu dürfen.

Ein hundertachtzig Kilometer langes Band aus Asphalt

FLORIDA

⊚ Key West

und Brücken verknüpft die größten der insgesamt über tausend Inseln der Florida Keys miteinander und führt im Bogen vom Festland Südfloridas aus bis hinunter zum südlichsten Punkt der USA. Dabei sind etliche Eilande oft nur unwesentlich breiter als die Straße. Kein Wunder, dass man kaum vorankommt. Der Blick durchs Autofenster aufs Meer weckt Sehnsüchte und verführt alle paar Meilen zum Anhalten.

Am Southernmost Point der USA, markiert durch so etwas wie eine einbetonierte Boje, schießen Urlauber fast rund um die Uhr Erinnerungsfotos für die Ewigkeit. Kuba ist diesem Punkt näher als Miami, und ein paar Schritte von hier hat Hemingway gewohnt. Unter Palmen natürlich. Kein schlechter Zipfel der Welt, um ein wenig länger zu bleiben.

... *AUF NANTUCKET*
WALFÄNGERINSEL VOR DER
US-OSTKÜSTE

Zielflughafen: Nantucket
Airport-Code: ACK
Hängenbleibegrund: Propellerflugzeug
überladen, zwei Passagiere mussten dableiben,
freiwillig gemeldet und nicht bereut

Salziger Seewind faucht durch den Strandhafer der Dünen. Heidelandschaft erstreckt sich über die fast pfannkuchenplatte Insel, dazwischen wachsen niedrige Preiselbeersträucher, kaum einen Baum gibt es hier und am Horizont taucht überall und aus fast jeder Perspektive schon wieder der nächste Leuchtturm oder eine Windmühle auf. Die winzige Atlantikinsel Nantucket, gerade mal hundertzwanzig Quadratkilometer groß, vor der Küste des US-Bundesstaates Massachusetts ist so etwas wie das Sylt der USA: viel Sonne, schöne Strände, gepflegte Dörfer, schicke Galerien – und jede Menge Jetset und High Society.

Die Berühmtheiten kommen im Sommer in Scharen, mal mit dem Flugzeug, mal mit der eigenen Jacht. Große Hotels oder gar Betonkästen gibt es auf Nantucket nicht, dafür umso mehr kleine Bed-and-Breakfast-Pensionen in Fischerhäusern aus grauen, wetterfesten Zedernschindeln. An den Fassaden ranken Kletterrosen empor.

»Weit entfernte Insel« bedeutet der Name Nantucket in

MASSACHUSETTS

Nantucket

der Sprache der Wampanoag, die bis ins siebzehnte Jahrhundert auf der Insel zu Hause waren. Später entwickelte sich das Eiland zum wichtigsten Walfanghafen der Welt. Schriftsteller Herman Melville ließ Nantucket einen der Schauplätze seiner Moby-Dick-Geschichte sein, die auf einer wahren Begebenheit rund um das Walfangboot »Essex« aus Nantucket fußt.

Die Schiffe, die heute hier festmachen, sind vor allem große Segeljachten. »Let's dance« mit Heimathafen Dover/Delaware heißt diesen Mittag eine am Kai, die nächste »Big Party« aus Kennebunkport/Maine. Aus der Kabine eines solchen Kreuzers erklingt mit rauchiger Stimme Rod Stewarts Hit »I Am Sailing« – allerdings ohne Instrumentalbegleitung. Dann ein Räuspern, ein neuer Anfang. Ein Badewannenkapitän oder Rod Stewart selbst, der im Salon Songs schmettert? Beides ist auf Nantucket möglich.

... *IN TOMBSTONE*
IN ARIZONAS
WILDEM WESTEN

Zielflughafen: Tucson
Airport-Code: TUS
Hängenbleibegrund: Flugverspätung

Die Gegenwart hat auch vor dem Friedhof nicht haltgemacht. Am Eingang rattert ein knallroter Cola-Automat. »Enjoy«, steht in weißen Schreibschriftbuchstaben auf rotem Grund, »Genieß es«. Derweil hat irgendwer frische Nelken vor das über hundertvierzig Jahre alte Holzkreuz am Rande der Wüste gelegt, irgendjemand hat eine leere Halbliterdose Coors-Bier unterm Kaktus in den Grabessand gedrückt. Eine Reverenz an den Banditenboss Billy Clanton und seine Mitstreiter Frank und Tom McLaury, die hier auf dem kleinen Präriefriedhof von Tombstone/Arizona begraben liegen.

Am 26. Oktober 1881 hat Sheriff Wyatt Earp die drei berüchtigten Gangster im O. K. Corral der verrufenen Cowboystadt östlich von Tucson erschossen. »Zweiunddreißig Schüsse in siebenundzwanzig Sekunden – drei Tote«, berichtete der »Tombstone Epitaph« am folgenden Tag auf der Titelseite. High Noon im Süden Arizonas.

Heute sind es Durchreisende, die mit gemischten Gefühlen über den Friedhof mit seinen zweihundertsechsundsiebzig Gräbern stapfen, dazwischen Schulklassen aus der amerikanischen Provinz, deren Lehrer sie mit

214

ARIZONA

◎ Tucson

● Tombstone

einem Hauch von »... und die Moral von der Geschicht«
in der Stimme über den Wildwestfriedhof der Ortschaft
Tombstone lotsen.

Die Ereignisse vom Oktober 1881 haben in Tombstone
einen so nachhaltigen Eindruck hinterlassen, dass heute
regelmäßig Stuntmen gegen Eintritt die Szene vor Publikum nachspielen. Zum Gedenken werden zudem jedes
Jahr im Mai die kunterbunten Wyatt Earp Days und im
Herbst die Helldorado Days gefeiert: sehr amerikanisch,
sehr schrill, mit Paraden und viel Tamtam. Cheer Girls
tanzen dann mit wehenden Sternenbannern durch die
Allen Street – links und rechts restaurierte Westernhäuser aus den Glanzzeiten des Ortes. Und applaudierende
Gäste auf den Veranden vor den Geschäften und Saloons.
Enjoy.

... *IN UTAH*
WO DER LIEBE GOTT
SANDBURGEN GEBAUT HAT

Zielflughafen: Salt Lake City
Airport-Code: SLC
Hängenbleibegrund: Schon wieder
Flugverspätung, ein Fluch wahrscheinlich

Tausende Male ist diese Gegend über die Leinwände geflimmert. Hollywoods Kulissenbauer konnten nie annäherungsweise nachzimmern, was der US-Bundesstaat Utah im Original zu bieten hat. Marslandschaften aus rotem Fels, mittendrin immer wieder grandiose Schluchten, reißende Flüsse, Felsformationen wie Kathedralen. Hier hat der liebe Gott Sandburgen gebaut.

Die Western »Rio Grande« und »Cheyenne« wurden hier gedreht. John Wayne und Maureen O'Hara, Rock Hudson, Richard Widmark und Charlton Heston standen hier vor der Kamera. Aber auch Szenen für »Indiana Jones und der letzte Kreuzzug« und »Zurück in die Zukunft III« wurden hier aufgenommen. Hinter der Kamera im Gebiet rund um die Ortschaft Moab und im Monument Valley standen Regieriesen wie John Ford und Steven Spielberg. Noch einer schwor sein Leben lang auf diese Gegend: Für John Wayne war dies die Filmheimat.

Und noch immer gibt es hier Cowboys und Pferde. Doch meistens sind die PS inzwischen unter Motorhauben gezwängt. Diesen Morgen tanzen drei knallrote Allradjeeps

◎ Salt Lake City

UTAH

durch die Schlaglöcher, eiern durch den weichen Sand eines ausgetrockneten Flussbetts, um sich gleich danach in Fünfundvierzig-Grad-Schräglage durch den Engpass zwischen zwei steil aufragenden Felswänden hindurch zu tasten: Offroad-Trekking mit Zündschlüssel und der Kraft von hundertzwanzig Pferden in der Canyonlandschaft des Wilden Westens.

Kaum mehr als zweihundert Jahre ist es her, da war dies alles noch nichts anderes als Land, über das Manitou wachte. Jeeps waren noch nicht mal Zukunftsmusik. Im Heimatmuseum von Moab zeugen alte Schwarz-Weiß-Fotos von den rauen Zeiten der Planwagentreks. Eines zum Beispiel zeigt das wenig ansehnliche Gesicht eines exekutierten Verbrechers. Lapidar erläutert der Bildtext dazu, dass diese Hinrichtung im Mai 1870 vollzogen und der zuständige Sheriff im Juni desselben Jahres von der Verwandtschaft des Verurteilten in die ewigen Jagdgründe befördert worden sei. Heute ist es weniger bleihaltig hier, die Kulisse ist dieselbe geblieben. Ein Vorteil.

... *IN LAS VEGAS*
EINARMIGE BANDITEN
AM FLUGHAFEN

Zielflughafen: Las Vegas
Airport-Code: LAS
Hängenbleibegrund: Flug verpasst.
Las Vegas unterscheidet nicht zwischen Tag,
Nacht und Uhrzeiten. Da gerät man schon mal
durcheinander.

Einarmige lungern neben den Gepäckbändern herum. Glucksend machen sie auf sich aufmerksam, sie blinken und pfeifen. Sie spielen Melodien wie auf versteckten Mundharmonikas, orgeln durcheinander wie hastig zusammengestellte Amateurkapellen bei der Generalprobe des Weltuntergangs. Von den Blicken der halb distanzierten, halb interessierten Besucher lassen sie sich begierig abtasten und unternehmen alles, um die Fremden schnellstmöglich vollständig in ihren Bann zu ziehen. Überall lauern diese Gesellen: alle gut einen Meter achtzig groß, alle kantig und korpulent. In den Korridoren. Neben den Rolltreppen. Vor den Flughafenrestaurants, in den Bars im Sicherheitsbereich. Einarmige Banditen. In Kompaniestärke.

Hunderte Spielautomaten säumen den Weg von den Gates zu den Gepäckbändern am Harry Reid International Airport und weiter bis zu den Schaltern der Mietwagenverleiher, bis zum Wartestand der Taxis: Einstimmung auf Las Vegas, Ankunft am Airport der Glücksrittermetropole in Nevada.

NEVADA

Las Vegas ◎

Am liebsten behielte der Flughafen die Ankömmlinge in seinen Fängen und ließe sie ihr Hotel gar nicht erst erreichen. Am liebsten ließe er Durchreisende nie wieder ziehen, Heimreisende nicht davoneilen. Nur wer in den Terminals bleibt und hier bereits zu spielen beginnt, spült Quarters, halbe und ganze Dollars am Stück und in rauen Mengen in die Kassen der Airportbetreiber.

Ein uniformierter Flughafengepäckträger mit Sackkarre und Willkommenslächeln hat diesen Nachmittag Trost für diejenigen an den Einarmigen Banditen neben dem Gepäckband parat, die gerade partout nicht gewinnen und zwanzig Dollars los sind, noch ehe ihr Koffer ausgeladen ist und auf dem Band im Ankunftsbereich liegt: »You lost? Be proud. You built this city«, auf Deutsch ungefähr »Ihr habt verloren? Seid stolz darauf! Leute wie ihr haben diese Stadt groß gemacht!« Der Mann hat recht.

... AUF DEM E.T.-HIGHWAY
NEVADAS STRASSE DER
AUSSERIRDISCHEN

Zielflughafen: Las Vegas
Airport-Code: LAS
Hängenbleibegrund: Reifenpanne

Neben der Tür stehen wieder drei dieser Spielautomaten, selbst hier draußen in der Abgeschiedenheit, die keinen interessieren und trotzdem unermüdlich blinken und glucksen. Las Vegas ist zwei Autostunden entfernt, und ausgerechnet zum Spielen kommt kein Fremder in den Hundert-Seelen-Ort Rachel am E.T.-Highway, an Amerikas »Straße der Außerirdischen«. Seit vielen Jahren heißt die einsame Überlandpiste ganz offiziell so – weil über die Zeit nirgendwo anders so viele Ufos gesichtet wurden wie hier.

Vor dem einzigen Motel des Ortes weist dann auch ein beleuchtetes Untertassenemblem den Ufonauten die passenden Parkplätze vorm Haus zu – falls es tatsächlich Außerirdische hierher verschlagen sollte. Der Schriftzug »Self Parking« erklärt den Rest. Einstweilen stellen hier ein paar Touristen auf Durchreise ihr Auto ab. Die dauerhaften Einwohner aber sind irgendwann hier gestrandet. »Die Hälfte von uns«, erzählt einer, »ist hergezogen, um bei der ersten echten Landung eines Ufos dabei zu sein. Die anderen fünfzig Prozent sind hier, um sich jeden Tag darüber totzulachen, wie sich der halbe Ort lächerlich macht.«

NEVADA

● Rachel

Las Vegas ◎

Am Extraterrestrial Highway sagen sich Koyote und Klapperschlange Gute Nacht. Links und rechts der Piste nur Halbwüste, zwischendrin zerklüftete Berge, ab und an ein Autowrack. Die Gegend ist so karg, als hätte der liebe Gott sie gleich nach der Schöpfung wieder vergessen. Und wenn mal nichts den Himmel über der Wüste mit mehrfacher Schallgeschwindigkeit von der angrenzenden Airforce-Basis kommend zerteilt, dann ist es immerhin ulkig, zum Erinnerungsfoto neben dem Verkehrsschild »Alien Crossing« am südlichen Ansatz der kuriosen Straße zu posieren. Spaßvögel haben diese Piktogrammpersiflage auf die amerikanische Variante des Zebrastreifensymbols montiert: stilisierte Außerirdische mit großen Köpfen und schmächtigen Körpern beim Passieren der Straße. Man kann nie wissen, vielleicht wird es noch mal wichtig.

... AUF DEM RODEO DRIVE
AUF AMERIKAS TEUERSTER
EINKAUFSSTRASSE

Zielflughafen: Los Angeles
Airport-Code: LAX
Hängenbleibegrund: Freiwillig verlängert,
weil sich die Reise so unfertig anfühlte und
noch so viel zu entdecken war

Auf dem Asphalt rollen im Schritttempo die Leihwagen der Schaulustigen und die Ausflugsbusse der Touristen auf Rundtour durch Beverly Hills. Sie sind auf Pirschfahrt, machen Prominentensafari und hoffen, einen der Leinwandstars in zivil auf dem Boardwalk zu entdecken. Dabei könnten die meisten von denen unerkannt in der Sitzreihe vor ihnen sitzen. Hollywoodhelden sehen nur im Film aus wie Stars – und können selbst am Rodeo Drive ganz normal einkaufen gehen. Am ehesten fallen sie durch die Reaktionen der Verkäufer auf. Bei Valentino zum Beispiel, wenn der Filialleiter plötzlich mitten im Satz abbricht, alles stehen und liegen lässt, um sich um Julia Roberts zu kümmern, die gerade lautlos und unscheinbar durch die Ladentür geschwebt kommt – offenbar mit der festen Absicht, zügig ein paar Tausend Dollar auszugeben.

So zuvorkommend wurde sie entlang dieser Straße nicht immer bedient. Im Filmklassiker »Pretty Woman« flog sie der goldenen Kreditkarte zum Trotz beim ersten

KALIFORNIEN

◎ Los Angeles

Anlauf kurzerhand wieder aus einer Nobelboutique, weil sie nicht angemessen gekleidet war. Und vielleicht auch, weil sie keine Spuren schönheitschirurgischer Handgreiflichkeiten aufwies und einfach zu natürlich aussah.

Gleichwohl, der Rodeo Drive ist nicht überheblich, Schwellenangst nicht erforderlich. Zwar ist diese Straße mehr als jede andere ein Laufsteg und die Geschäfte sind Bühnen. Aber kein Laufsteg funktioniert ohne Publikum. Schaulust ist Teil der Inszenierung.

Wenn die Sonne morgens über die Flachdächer klettert, die Nachtwächter in den Galerien, den Juweliergeschäften und Uhrenläden Feierabend machen, dann erwacht der vierspurige Rodeo Drive mit seiner Palmenreihe in der Mitte langsam. Vor dem Armani-Store sind diesen Morgen die letzten Straßenfeger unterwegs, vorm Edelkaufhaus Brooks Brothers an der Ecke Santa Monica Boulevard kehren sie noch schnell ein paar Pappbecher der Nacht zusammen. Und aus einem großen Geländewagen springt direkt vor der Ladentür eines Edelschneiders einer mit Begleitschutz, der ein wenig aussieht wie Kevin Costner im Film. Ziemlich sicher ist er es.

... *AUF CATALINA ISLAND*
DAS VERSTECK VOR DER KÜSTE
VON LOS ANGELES

Zielflughafen: Los Angeles
Airport-Code: LAX
Hängenbleibegrund: Boot zum Festland
ausgefallen

Um nur nichts zu verschreien, sprechen die Einheimischen lieber nicht über sie. Über Barbra Streisand, die hier regelmäßig in einer Pension in den Hügeln oberhalb der Dreitausendneunhundert-Einwohner-Inselhauptstadt absteigt. Über Steven Spielberg, Goldie Hawn und Kurt Russell, die Ferienwohnungen mieten. Bloß nicht das Schicksal wenden! Sie reden deshalb lieber nicht über Nicolas Cage, der gerne seine Freizeit mit der Familie im Hafen von Avalon auf seiner Jacht verbringt.

Vor über einem halben Jahrhundert tummelten sich hier schon einmal die größten Hollywoodstars ihrer Zeit auf Wochenendausflügen. Doris Day, John Wayne, Cary Grant – alle waren sie da, zogen Fotografen an und Schaulustige. Und dann blieben sie auf einen Schlag weg, als ob Catalina Island damals über Nacht in Vergessenheit geraten wäre. »Bloß nicht wieder so etwas heraufbeschwören, lieber schweigen über die Stars«, denken sich gerade die älteren Einheimischen. Ein bisschen ist es deshalb so, als pflegte Catalina Island nun die Aura, das

KALIFORNIEN

◎ Los Angeles

● Catalina Island

letzte Geheimnis Kaliforniens zu sein. Und wahrscheinlich ganz zu Recht.

Dabei ist die Insel der Küste von Los Angeles nur zwölf
Meilen vorgelagert. Es ist ein Eiland zum Atemholen,
fünfunddreißig Kilometer lang, maximal dreizehn Kilometer breit, obendrein frei von jeder Industrie. 1919 hatte
Kaugummimilliardär William Wrigley junior die Insel fast
komplett aufgekauft. Seine Erben haben achtundachtzig
Prozent der Landfläche in eine gemeinnützige Stiftung
eingebracht und unter strengsten Naturschutz stellen lassen – um den Preis, keines der bis dato millionenschwe-
ren Grundstücke außerhalb der Hauptstadt Avalon mit
Traumaussichten auf den Ozean mehr verkaufen, keine
Ferienkolonie im Hinterland bauen zu können. Eine gute
Entscheidung, ein Glücksgriff sogar.

Nur in Avalon gibt es deshalb heute Hotels, Pensionen,
Ferienwohnungen. Hier landet der Linienhelikopter vom
Festland, hier macht die Fähre fest. Und außerhalb, in der
Cowboyfilmlandschaft mit Kakteen, Bisons, Halbwüste,
einzelnen Palmen, sind nicht mal Autos erlaubt. Was so
schön daran ist, wenn die Fähre mal ausfällt? Es ist eine
gute Gelegenheit, länger zu bleiben.

... *AN DEN VIRGINIA FALLS*
DIE GRÖSSTEN WASSERFÄLLE
NORDAMERIKAS

Zielflughafen: Fort Simpson
Airport-Code: YFS
Hängenbleibegrund: Erst Stunden verspätet
mit Kleinflugzeug von der Wasserfallexkursion
wieder in Fort Simpson angekommen

Es gibt andere Wasserfälle, aber gegen diese sind sie nichts. Fast jeder andere Wasserfall ist nichts gegen diese. Trotzdem sind diese außerhalb Kanadas kein Begriff. Weil sie im Nirgendwo liegen, in den Northwest Territories, verborgen in einer Gegend ohne Straßenanschluss. Wer hinwill, muss das Kanu nehmen und darf sich nicht vor Stromschnellen fürchten. Oder muss tagelang wandern, allen Proviant mitschleppen und Begegnungen mit Bären in Kauf nehmen. Oder er kommt mit dem Wasserflugzeug, hat nichts gegen wagemutige Landungen und schließt während der letzten Flugminuten und in den ersten sechzig Sekunden nach dem Aufsetzen die Augen.

Sie heißen Virginia Falls und sind tatsächlich abgelegen. Dabei ist es geblieben, obwohl sie spektakulärer sind als die berühmteren Niagara Falls. Niemand hat bisher den Bau der letzten gut hundert Straßenkilometer in Angriff genommen. Millionen Liter Wasser des Nahanni River krachen hier in einem zweihundertneunundfünfzig Meter breiten Halbrund sechsundneunzig Meter in

NORTHWEST
TERRITORIES

Virginia Falls ●   ◎ Fort Simpson

die Tiefe, verursachen einen Höllenlärm, stieben nahezu pulverisiert zu winzigsten Tröpfchen bis zum Himmel, ehe sie wieder herabregnen und sich dann doch entschließen, wieder eins zu werden und nach jenen Klippen, die die Fälle bilden, als ein Fluss weiterzufließen.

Kurz vor der Abbruchkante schwappt auf den Wellen ein Ponton, das am Ufer befestigt ist und so etwas wie Terminal für Wasserflugzeuge spielt. Durchaus artistisch übt sich der jeweilige Pilot dann im Steuern wie im Festmachen, ist irgendwie ein- und zugleich ausgestiegen, bis die kleinen einmotorigen Flugzeuge mit Seilen tatsächlich fest am Ponton vertäut sind. Geht etwas schief und sie gleiten an der improvisierten Schwimmplattform vorbei, bleibt nur noch, zügig durchzustarten – und Daumen zu drücken, dass die Maschine vor der Abbruchkante rechtzeitig wieder ausreichend an Höhe gewonnen hat, um nicht den Weg allen Wassers zu nehmen. Meistens gelingt das. Zum Glück. Was dagegen häufiger vorkommt: dass man ein bisschen länger bleiben muss, bis jemand anders ausreichend Treibstoff für den Rückweg mitbringt, weil der eigene Vorrat auf dem Hinweg bei strammem Gegenwind dann doch schneller verraucht ist als kalkuliert …

... *IN PRINCE RUPERT*
BÄREN BEOBACHTEN IN BRITISH COLUMBIA

Zielflughafen: Prince Rupert
Airport-Code: YPR
Hängenbleibegrund: Wie so oft wieder
mal Nebel über dem Flughafen auf der
vorgelagerten Insel Digby Island

Das Küstenstädtchen Prince Rupert wirbt mit dem erstaunlich ehrlichen Slogan »City of the Rainbows«, was bereits dezent darauf hinweist, dass das Wetter im Nordwesten der kanadischen Provinz British Columbia gelinde gesagt instabil ist. Bei allzu viel Regen und erst recht beim auch hier durchaus üblichen Nebel muss der Flughafen auf der vorgelagerten Insel Digby, Drehkreuz der Region, dichtmachen. Auch die Fährverbindung ins per Schiff mindestens eine Tagesreise entfernte Vancouver eröffnet kaum Fluchtmöglichkeiten.

Gestrandet am Rand der Wildnis: Am besten wartet man im »Breaker's Pub« direkt am Hafen auf den nächsten Regenbogen, vertreibt sich die Zeit mit dem herausragenden Filet vom dunkelroten Sockeye-Wildlachs, der sich von Krabben ernährt – und hier auch danach schmeckt. Nebenbei kann man Weißkopfseeadler zählen, die auf den Schiffsmasten vor den Restaurantfenstern hocken, auf den Laternen, den Dachfirsten und ab und zu die Positionen wie beim Spiel »Reise nach Jerusalem« tauschen.

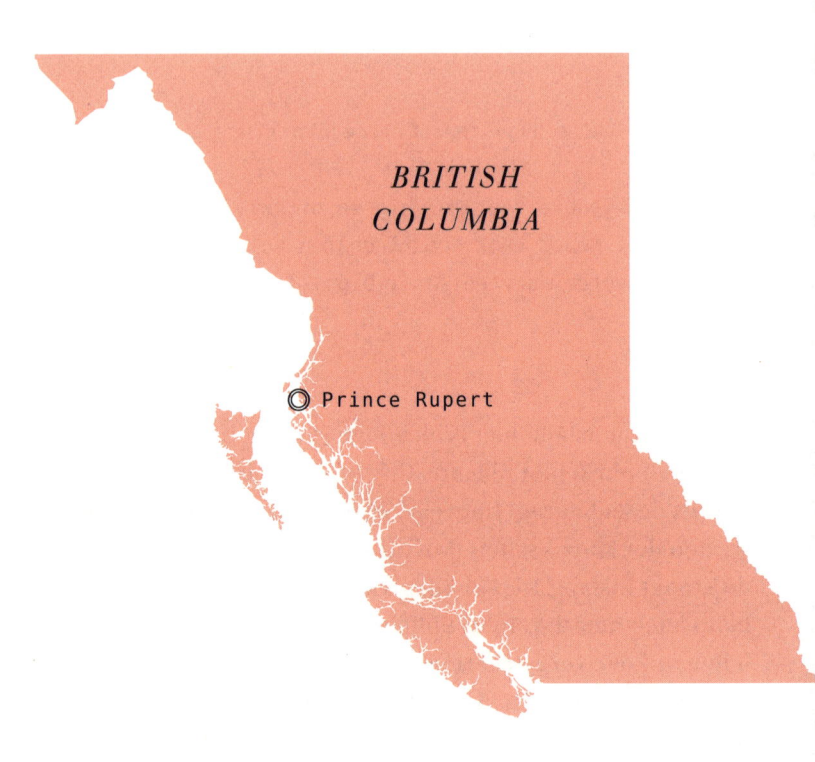

BRITISH
COLUMBIA

◎ Prince Rupert

Nebenbei lässt sich leicht mit ein paar Tsimshian und Haida über traditionelle Bildhauerei fachsimpeln.

Sollte der Flieger erst am nächsten Morgen abheben, lohnt es sich, einen Geländewagen zu mieten und im Hinterland mit dem Fotoapparat auf Großwildpirsch zu gehen. Die Chance, eine Schwarzbärenfamilie beim Gänseblümchenpflücken direkt am Straßengraben des Yellowhead Highway zu fotografieren, ist groß – ungefähr so groß wie die, einen Regenbogen zu sehen.

Nicht umsonst ist die Stadt landseitig von dichtem Regenwald eingefasst – und seeseitig sind ihr die ebenso dicht bewaldeten Inseln vorgelagert. Das üppige Grün hat seinen Grund: Der Himmel bewässert den Landstrich arg großzügig. Im Jahresschnitt fallen zweitausendfünfhundert Millimeter Regen. Das ist eine Wassersäule von zweieinhalb Metern Höhe. Wer da Touristen anlocken will und sogar in der Lage war, von irgendwoher Fotos mit ganz und gar blauem Himmel für die eigene Imagebroschüre aufzutreiben, sollte das wahre Mehrheitswetter wenigstens dezent andeuten. Allein schon, damit die Leute, die kommen, die richtige Kleidung im Koffer haben. Oder besser gleich am Leib. Der schöne Regenbogenspruch ist so eine Andeutung – subtil und zugleich klar. Voller Hoffnung auf Sonne und zugleich zwingend mit Schauerwetter verbunden. Weil nur das Wechselspiel von beidem Regenbogen verursacht.

... IN DAWSON CITY
GOLDRAUSCH
AM KLONDIKE RIVER

Zielflughafen: Dawson City
Airport-Code: YDA
Hängenbleibegrund: Persönlicher Goldrausch

Es ist die vermeintliche Chance auf schnellen Reichtum, die kuriose Typen anzieht: Leute, die hier hängenbleiben, wenn der Plan mit dem großen Geld dann leider doch nicht aufgeht. Meistens ist das so. Es sind diejenigen, die mehr oder weniger freiwillig bleiben, auch wenn die Goldader auf dem Grundstück doch nichts mehr hergegeben und alles Schürfen in der Umgebung hier oben im Nordwesten Kanadas nur ein paar Krümel ergeben hat. Dawson City am Klondike River hat solche Leute seit fast anderthalb Jahrhunderten angezogen und tut es noch immer – seit der große Goldrausch ausbrach und Glücksritter aus dem Süden in Scharen hier einfielen.

Für drei, vier Jahre war Dawson City damals die am schnellsten wachsende Stadt der Welt und größer als das damalige San Francisco. Heute bringt es der Ort auf nur knapp dreizehnhundert Einwohner, die ganzjährig hier leben. Und, das ist das Gute, er sieht noch immer aus wie damals, wie eine typische Westernstadt mit Holzfassaden. So, als wäre gerade irgendein Filmdreh abgeschlossen worden. Was anderswo als Kulisse aufgebaut würde, ist hier Wirklichkeit. Mit Saloon, mit Casino voller Karten-

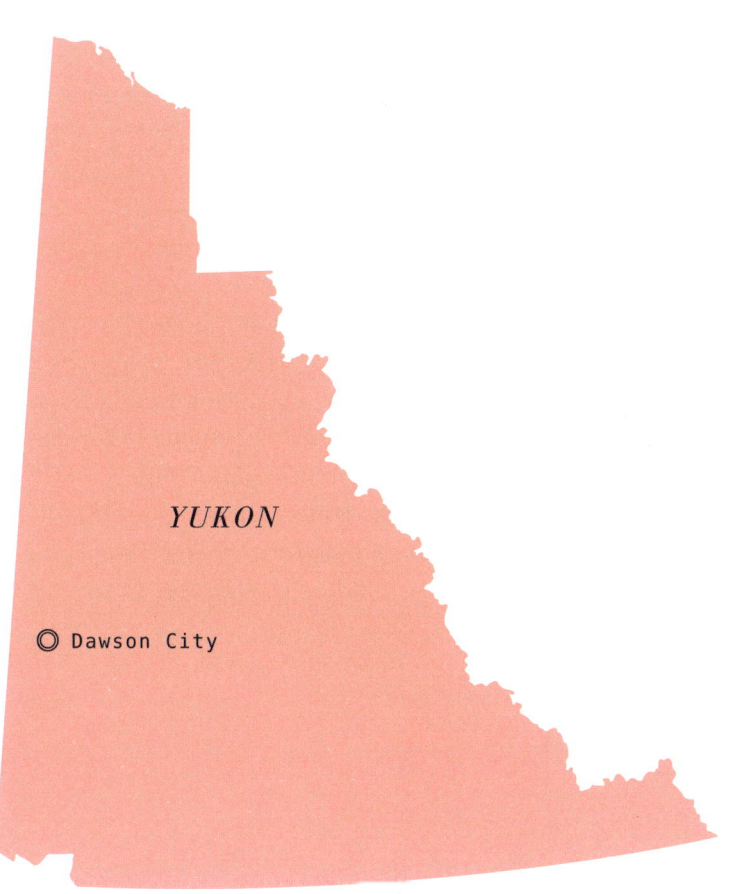

YUKON

◎ Dawson City

spieler, mit Tanzrevue. Nur die Planwagen von einst sind Vergangenheit. Heute parken die Pick-ups der Goldsucher aus der Umgebung vor den Bretterbuden. Vor allem im Sommer bekommen sie Verstärkung von den Leihwagen der Touristen, die hier auf großer Yukon-Alaska-Rundreise sind, und manchmal sogar von Ausflugsbussen. Der Sommer meint es gut mit Dawson City. Die Juli-Durchschnittstemperatur liegt bei sechzehn Grad, die im Januar bei minus sechsundzwanzig.

Der Vorteil der Urlauber? Sie kommen wieder weg, müssen dem Boden nicht erst eine Menge Gold abringen, damit sich das Investment in den Umzug hier hoch und all die Maschinen refinanziert haben und es für das Leben im Süden wieder reicht. Dawson City für immer? Das ist nur etwas für ganz wenige. Dawson City für ein paar Tage? Das ist die wesentlich attraktivere Option.

... *IN TOKIO*
KOMPLIZIERTES PFLASTER MIT
ÜBERRASCHUNGEN

Zielflughafen: Tokio
Airport-Code: NRT
Hängenbleibe-Grund: In die falsche U-Bahn
gestiegen

Andächtig beschriften Gläubige in den Tempeln kleine hölzerne Votivtäfelchen mit japanischen Schriftzeichen, vertrauen ihnen ihre geheimsten Wünsche an und bitten um Erfüllung ihrer Träume. An Schleifen klappern diese Gedanken wenig später im Wind. »I wanna be happy«, steht ausnahmsweise in lateinischen Buchstaben auf einer, gezeichnet ist sie mit »Takefumi Naeda«. Der junge Japaner, der sie diesen Morgen dort befestigt hat, trägt ein rot-orange-gelb gestreiftes Hemd, Jeans, eine Umhängetasche mit violettem Gurt, neongrüne Turnschuhe. Und orange Haare. Seltenes Kontrastprogramm zum Nur-nicht-auffallen-Wollen der meisten anderen.

Japan ist das Land, wo alle freundlich nicken, wenn man sie nach dem Weg fragt – und längst nicht jeder, der ihn weist, ihn auch kennt. Wo der rohe Fisch in Reis eingerollt und in Häppchen geschnitten wird. Selbst Tokio ist eine Stadt, wo Fremdsprachenkenntnisse noch immer die Ausnahme sind – oder die Bereitschaft fehlt, sie anzuwenden. Wo täglich Hunderttausende Menschen in Wag-

JAPAN

◎ Tokio

gons durch den Untergrund vagabundieren und über der Erde Beton die meisten Bäume ersetzt hat.

Japan ist vielschichtig, kompliziert geflochten. Die Hauptstadt nicht minder. Es braucht ein Leben, um alle Zwischentöne zu verstehen und sie selber setzen zu können. Es kostet eine Reise, sie kennenzulernen, sich zu verfangen. Und sich am Entwirren nach und nach zu erfreuen.

Versteckt hat auch in Tokio der traditionelle Alltag überlebt: in engen Seitenstraßen, wo Frauen im Hauseingängen Fisch für die Restaurantküche zubereiten. Wo Blumenhändler Sträuße binden. In den kleinen Geschäften der Nebenstraßen, wo Lampions an den Hauswänden hängen. Auf dem Weg zur Arbeit wagen Einheimische zum Beispiel einen Sprung in den Suitengu-Schrein im Nihonbashi-Viertel, beten, läuten Glocken mit blechernem Klang, wie ein verzerrter Gruß aus der Vergangenheit des alten Japan mitten zwischen den Bürotürmen. Diesen Morgen fotografieren zwei Touristen das Geschehen – und genießen es, so eine Insel in der Zehn-Millionen-Stadt aufgestöbert zu haben. Ob sie zurückfinden zu ihrem Hotel, zu Fuß, mit der U-Bahn, mit umsteigen, mit nur wenigen lateinischen Buchstaben? Das ist Teil der Herausforderung, mehr noch: Es ist Teil des Spiels. Meistens führt so etwas zu neuen Entdeckungen.

... *AUF FRASER ISLAND*
AUF DEM STRAND
MIT DEM FLUGZEUG LANDEN

Zielflughafen: Hervey Bay
Airport-Code: HVB
Hängenbleibegrund: Flut

Von irgendwoher röhrt plötzlich ein Motor. Und obwohl die Geräuschkulisse immer stärker anschwillt, schaut niemand vom Badelaken am breiten Strand auf. Normalität auf Fraser Island vor der Ostküste Australiens, denn bei Ebbe wiederholt sich das Geräusch alle halbe Stunde. Keiner wundert sich mehr, wenn es ein paar Dutzend Meter weiter gerade rumpelt und Pilot Gerry seine Cessna wieder auf dem Sand aufsetzen lässt.

Dieser »Flughafen« ist nur alle sechs Stunden geöffnet, wenn die Strände bei Niedrigwasser auf über hundert Meter Breite anschwellen. Tower oder Pistenbefeuerung gibt es nicht, Asphalt auch nicht. Für Gerry ist der Strand die Runway für seine fünfsitzige Cessna, mit der er Inselrundflüge durchführt – zwanzig Minuten für umgerechnet knapp hundert Euro. »Du brauchst Erfahrung, um hier starten und landen zu können«, erzählt der Kumpel-Typ. »Du musst wissen, wie fest der Sand ist, wie hier der Wind weht. Du musst mit der Schräglage der Piste und den Bächen zurechtkommen, you know.« Aha. »Das ist nicht jedermanns Sache, das musst du erst mal üben.« Er zieht den grünen Cowboyhut ein bisschen tiefer in die Stirn.

AUSTRALIEN

Fraser Island
Hervey Bay ◎ •

In den Landkarten ist der breite Ostküstenstrand auch offiziell als Highway ausgewiesen, obwohl es nicht mal Straßenmarkierungen oder Verkehrsschilder gibt. Es gelten die Standardregelungen – Linksverkehr wie überall in Australien, dazu die übliche Landstraßenhöchstgeschwindigkeit von achtzig Stundenkilometern. Wichtigste Verkehrsregel hier: Flugzeuge haben immer Vorfahrt. Bei Flut schluckt das Meer weite Teile der »Piste«. Besser stranden kann man nicht.

... *IN YANGON*
WENN IN BURMA DIE LICHTER
AUSGEHEN

Zielflughafen: Yangon
Airport-Code: RGN
Hängenbleibegrund: Stromausfall

Es ist, als hätte jemand einfach das Licht ausgeknipst. Und das schon zum zweiten Mal an diesem Abend. Auf einen Schlag ist es dunkel geworden in Yangon, und einen Moment dauert es, bis überall Kerzen brennen und das Leben weitergeht – ganz so, als hätte es für einen kurzen Moment ausgesetzt. Fast schade ist es, dass der Strom schon einen weiteren Moment später wieder da ist. Die Lampen über den Tischen der Restaurants, die vielen neueren Leuchtreklamen an den Fassaden, die Laternen in den Straßen leuchten wieder.

Mit Verspätung und dann mit Wucht ist die Moderne in Burma eingefallen, zuerst in der alten Hauptstadt Yangon, die einmal Rangun hieß, dann in den anderen Großstädten des Landes. Nur auf dem Land warten sie noch darauf. Die Stromausfälle, an die sich die Bevölkerung längst gewöhnt hatte und die noch vor zehn, fünfzehn Jahren reinste Routine waren, haben heute in den Metropolen Seltenheitswert. Myanmar, so heißt der Staat heute offiziell, hat Anschluss gefunden. Im wahrsten Sinne und von Ausnahmen abgesehen. Politisch hat es ihn zwischenzeitlich wieder verloren. Das Militär re-

MYANMAR / BURMA

◎ Yangon

giert wieder mit allen Konsequenzen, die das hat. Für die Wirtschaft, die Stromversorgung, die Frage, ob weitere Leuchtreklamen internationaler Marken hinzukommen werden. Vor allem aber für die Menschen, von denen die Mutigsten weiter unter größten Risiken für die Freiheit auf die Straße gehen.

Nur Buddha ist all die Jahre gelassen geblieben, liegt als siebzig Meter lange Statue entspannt im Chaukhtatgyi-Tempel, hockt unbeweglich im Schneidersitz in der Shwedagon-Pagode mit ihrer Kuppel aus achtundfünfzig Tonnen Blattgoldbelag. Und es scheint, als hätten ihm seine Anhänger diese Gelassenheit abgeguckt, jedenfalls für die Dauer ihres Besuchs bei ihm. Menschen flanieren andächtig im Uhrzeigersinn um den Tempel, Kinder verstecken sich unter riesigen Bronzeglocken. Jede einzelne Szene könnte auch in der Vergangenheit spielen, wären nicht ab und zu ein paar T-Shirts, ein paar Jeans im Bild. Maler streichen Ornamente in knalligem Orange, befestigen neues Blattgold auf den Kuppeln, und ein paar Mönche beten wenige Schritte entfernt, liefern mit ihrem singenden Tonfall den Soundtrack für den Arbeitsalltag der Kunsthandwerker. Sollte der Strom jetzt ausfallen, hier am Tempel würde es keiner bemerken. Er wäre absolut entbehrlich.

... *AUF PANGKOR LAUT*
UNWETTER
IN MALAYSIA

Zielflughafen: Kuala Lumpur
Airport-Code: KUL
Hängenbleibegrund: Weltuntergang für einen
Abend und eine Nacht

Diese Nacht geht die Welt unter. Der Wind randaliert, er schlägt das hölzerne »Nicht stören«-Schild am Eingang des Stelzenhauses auf der Hotelinsel Pangkor Laut vor der Westküste Malaysias hin und her, lässt es wie bei einem Gong immer wieder gegen das Türblatt poltern – als Startsignal zum nächsten Aufzug der gewaltigen Inszenierung, die hier gerade auf dem Spielplan steht. »Natur pur« heißt das Stück, »Nachtlaunen« der zweite Akt. In Minuten ist ein Vorhang aus Wolken vor die Sterne gezogen. Und urplötzlich peitscht der Tropenregen los, als wollte er das Dach durchschlagen. Der Wind fegt, als wollte er die Stelzenhütte umwerfen. Blitze zucken über das Meer. Donner grollt, als sollte das Paradies diese Nacht mit urzeitlichem Lärm wieder im Meer versinken. So, als wäre alle Stille nur Wunschtraum, nur unwirkliche Fantasie fern der Realität gewesen.

Eine Stunde später ist der Spuk vorbei und die Welt doch nicht untergegangen. Und noch ein paar Stunden später wird die Sonne wieder unschuldig am Himmel stehen, als wäre nichts geschehen. Kann bloß sein, dass

MALAYSIA

● Pangkor Laut

◎ Kuala Lumpur

das Unwetter den Fahrplan der Schiffe durcheinander-
gebracht hat – oder den Flugplan. Schlimm ist das nicht.
Eher ein beglückender Umstand. Wenn schon stranden,
dann gerne hier.

Denn tagsüber ist alles wieder zurück, was die Insel so
schön macht: Grillenzirpen und Vogelgesang, das Plätschern des Indischen Ozeans unter dem Hotelzimmer auf
Stelzen im Ozean, das Ausrollen der Wellen am Strand,
ihr Spritzen gegen die angrenzenden Felsen, auf denen
sich Leguane sonnen. Die Affen turnen wieder durch die
Wipfel der Bäume, Tukane hocken auf manchen Ästen.
Du wendest den Blick und siehst Fischer in ihren Booten an deiner Terrasse vorbeisegeln, nimmst mit bloßem
Auge bunt schillernde Fischschwärme direkt unter der
Wasseroberfläche wahr, siehst Rochen unter deiner ele-
gant eingerichteten Stelzenhütte hinweggleiten. Du ver-
gisst den Rest der Welt und fragst dich unweigerlich, wo
du eigentlich bist. Im Urwald? Am Meer? Im Paradies?
Und die Antwort auf alle drei Fragen lautet Ja – Ja, irgendwo fernab vom Alltag. Und noch etwas denkst du
dann: »Danke, Unwetter!«

... *IN SIGIRIYA*
AUF SRI LANKAS
TEMPELFELSEN

Zielflughafen: Colombo
Airport-Code: CMB
Hängenbleibegrund: Straßensperren

W er hinaufwill, muss erst die Männer mit den Pythons am Fuß des Berges hinter sich lassen, die sich als Fotoobjekte an die Besucher aus der Ferne verkaufen, auch die Schlangenbeschwörer mit ihren Kobras. Und er muss Geduld und Kraft aufbringen. Über steile Treppen geht es voran, über in den Stein gehauene Stufen, auf improvisierten Stiegen mit vor Luftfeuchtigkeit glitschigen Handläufen, weiter über im Fels festgedübelte Eisenleitern – und auf demselben engen Weg zurück. Ein Spaziergang ist etwas anderes.

Viele derjenigen, die die Besteigung des Monolithen mit seinen etwa zweihundert Meter hohen Seitenwänden im Urwald Sri Lankas versuchen, auf dessen Plateau die einstige »Wolkenstadt« Sigiriya thront, brechen unterwegs ab: zu groß die Hitze, zu prall die Sonne, zu schweißtreibend das Unterfangen insgesamt. Und immer wieder die Wespen, die es eher zu ignorieren als abzuwehren gilt. Menschen stranden auf den schmalen Eisentreppen, den Felsstufen, klammern sich an den glatten Handlauf – und drehen um. In ganz kleinen Schritten. Und ab und zu schlagen sie dabei wieder nach den Wespen.

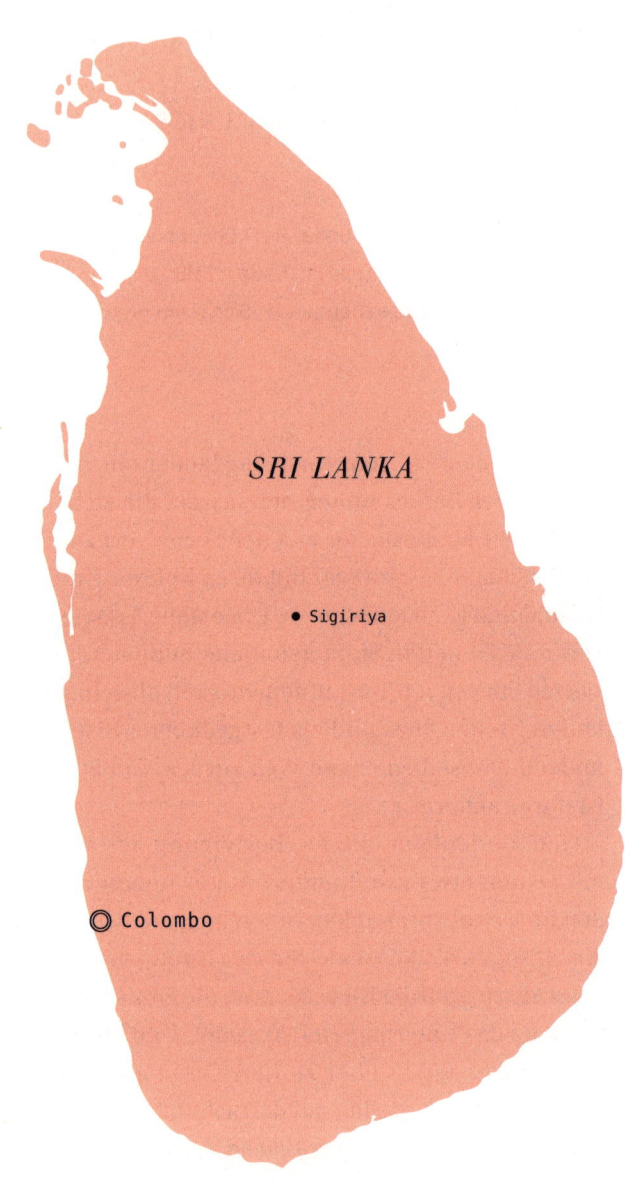

SRI LANKA

● Sigiriya

◎ Colombo

Am besten kommt man frühmorgens voran, wenn der Urwald gerade erst erwacht und der Tag noch nicht klebrig ist, die Sonne noch nicht senkrecht vom Himmel brennt. Die Palastmauern, von denen heute nur noch spärliche Reste erhalten sind, reichten bis an die äußerste Abbruchkante des etwa hundert mal hundertsiebzig Meter messenden Plateaus. Eigentliche Belohnung für den Weg aber sind zweiundzwanzig Gemälde auf dem Fels. Sie stammen noch aus den Glanzzeiten der Wolkenfestung, zeigen barbusige Frauen mit Halskrausen, Ketten, Kopfschmuck. Es sind detaillierte, in warmen Braun-, Rot- und Gelbtönen gehaltene Gemälde, die von Glückseligkeit, Reichtum und Lebenslust am Königshof zu Zeiten von Herrscher Kasyapa künden. Er wohnte hier oben – damals, als unten noch keine Schlangenbeschwörer warteten. Und als es mit den aggressiven Wespen einen geheimen Deal gegeben haben muss.

... *IN WAYANAD*
MAKAKEN-BESUCH IM
BAUMHAUSHOTEL

Zielflughafen: Kozhikode
Airport-Code: CCJ
Hängenbleibegrund: Verkehrschaos

Manchmal sitzen die Überraschungsgäste mit angezogenen Knien auf der Brüstung des Balkons, als würde es ihnen nichts ausmachen, dass es direkt neben ihnen zwanzig Meter in die Tiefe geht und dort unten nichts als Urwald ist. Sie halten sich nicht mal fest, kratzen sich stattdessen beidhändig hinter den Ohren oder pulen mit dem Finger in der Nase. Ein anderes Mal sitzen sie auf der Rattanlehne des Balkonstuhls und scheinen durch die Blätter der Baumkrone ganz entspannt Richtung Sonne zu blinzeln, solange sie sich ungesehen fühlen. Am liebsten stibitzen sie reife Mangos aus dem Obstkorb auf dem Tisch. Und wenn man nicht aufpasst, flitzen sie durch die Tür nach drinnen ins möblierte Baumhauszimmer mit dem breiten Bett und interessieren sich für alles, was nicht niet- und nagelfest ist.

Makaken zählen zu den regelmäßigen Besuchern ganz oben in den Wipfeln der Jackfrucht- und Gummibäume auf dem Gelände der Kuppamundi-Kaffeeplantage im südindischen Bundesstaat Kerala. In der Lieblingsfreizeitbeschäftigung der Nachmittage unterscheiden sie sich wenig von den Mietern der Quartiere in luftiger

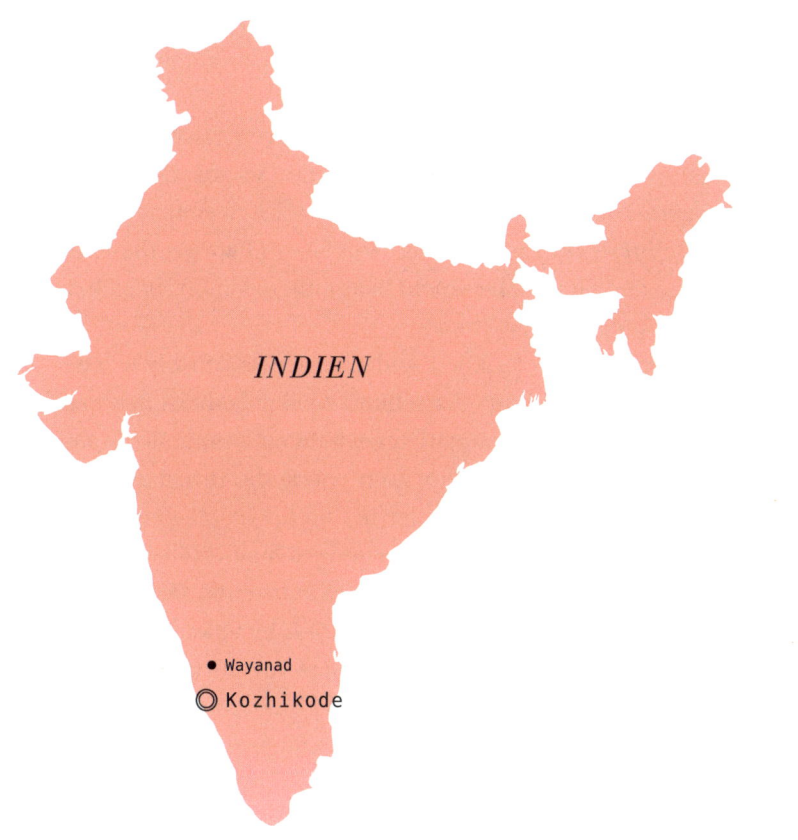

INDIEN

● Wayanad
◎ Kozhikode

Höhe: einander beobachten – mit dem Unterschied, dass die kleinen Affen dabei keine Teetasse in der rechten Hand halten. Und dass sie keinerlei Höhenangst haben, während die Menschen ihre ersten Schritte auf den Planken der in den Baum montierten Veranda so hoch über all den Farnen und Sträuchern am Urwaldboden sehr überlegt und bedächtig gesetzt haben.

Wenn sie sich gegenseitig so anstarren, fehlt eigentlich nur noch, dass sie sich miteinander zu unterhalten beginnen wie im mehrfach verfilmten Kinderbuch »Doktor Dolittle«. Dort hat der Arzt von einem Papagei die Sprache der Tiere beigebracht bekommen. Und freut sich an den guten Gesprächen.

Die Makakenfamilien sind ebenso friedlich wie neugierig, auch wenn sie blitzschnell wieder Reißaus nehmen, sobald jemand versucht, ihnen näherzukommen. Sie passen ins Ambiente. Sie waren zuerst da. Ihnen gehören die Wipfel der Bäume hier in den Wayanad-Bergen auf sechshundert Höhenmetern und gut hundertdreißig Straßenkilometer von der Küste des Indischen Ozeans, gut drei Autostunden von der Großstadt Kozhikode entfernt. Sie teilen sie sich mit fast hundert Vogelarten, darunter Papageien ebenso wie Falken und Bussarde, mit ein paar Käfern, mit Honigbienen und Schmetterlingen. Und mit einer Eule, die manchmal nachts in ihrer Sprache nach Doktor Dolittle ruft.

Nicht all die Tiere sind die Besucher – es sind die Menschen. Sie konnten erst kommen, seit Victor Dey hier unbedingt ein Baumhaus haben wollte. Und dann ein zweites. Und keines sollte einfach nur ein wackeliges Bambuskonstrukt sein: »Wir haben irgendwie versucht, ein ganzes Ferienhaus in die Baumkronen zu montieren. Mit allem Drum und Dran, mit Strom und fließend Wasser. Und wir haben uns nicht einzig auf den Baum verlassen, sondern alles zusätzlich mit gut versteckten Stahlträgern abgestützt«, erzählt er und fährt sich dabei mit der Hand durch den grauen Vollbart, während von irgendwoher ein dickes Makakenmännchen ein Kommando krakeelt und dessen Angebetete sich über das Baumhausdach davonmacht.

Es ist zwar nicht das erste Wipfelhotel in der Gegend, aber komfortabler als die Vorreiter. Dabei begann für Victor Dey alles mit einem Spaß. Nur für den eigenen Nachwuchs wollte der Plantagenverwalter die Baumhäuser ursprünglich bauen – als eine Art überdachten Abenteuerspielplatz in den Kronen: »Ich hatte jedem meiner Kinder und jetzt der Enkelin ein kleines Baumhaus gebaut. Und dann plötzlich gedacht: Das muss doch auch in größer gehen, mit Steg und Hängebrücke hinauf, mit ein bisschen Luxus, mit Duschbad und Doppelbett in den Baumwipfeln, mit Balkon und Ausblick, mit Geländer und ohne Risiko. Da könnten wir dann doch Freunde auf Besuch wohnen lassen.«

Zwei große Baumhäuser vermietet Dey inzwischen an Fremde – das dritte »gehört« ausschließlich der Enkelin, ist nur fünf, sechs Quadratmeter groß und kaum höher als anderthalb Meter: »Einmal haben wir uns einen Spaß gemacht und ein Pärchen gleich nach der Ankunft zum rundum offenen und mit Spielzeug vollgestopften Baumhaus meiner Enkelin geführt und einen Moment lang so getan, als wäre es das erträumte Quartier für die Hochzeitsreise. Sie haben groß geguckt – und wir haben gemeinsam gelacht.«

Wirklich viel zu tun ist auf Deys über hundertzwanzig Jahre alter Kaffee- und Pfefferplantage, die sich über hunderteinundsechzig Hektar Land erstreckt und Urwald mit einschließt, nur in den Monaten von Dezember bis März während der Ernte. Den Rest des Jahres hat er reichlich Zeit, über Projekte wie die des Baumhaushotels nachzudenken – und seine Mitarbeiter Trails für die Gäste anlegen zu lassen.

Vor einem Moment noch hat es einen Platzregen gegeben, und wenig später fiel schlagartig Nebel ins Tal, der selbst die Baumhäuser einhüllte. Als ob der Himmel einen Vorhang vor die Makaken, den Specht und die Papageien gezogen hätte. Nur die Geräusche sind geblieben. Das Knarzen der Äste ist noch da, das Knirschen der Bohlen unter den Füßen. Und wäre das Leben ein Hollywoodfilm, stünde nun der Auftritt des Tigers unmittelbar bevor. Doch es bleibt friedlich, und keine halbe Stunde später hat Wind den Nebel wieder vertrieben und die Sonne alles aufgetrocknet.

Gegessen wird später nicht Auge in Auge mit den Makaken auf der Veranda, sondern am großen Familientisch auf der Terrasse des Verwalterhauses mit den Deys. Es duftet nach indischen Currys, nach Kardamom-Reis und Tandoori-Huhn, nach frischem Kaffee, nach Tee und irgendwie auch nach Dschungel, nach Frische und Unberührtheit. Könnte Farbe einen Geruch haben, dann röche es hier nach Grün. Ob Victor Dey einen Lieblingsplatz hat? Im Wipfel oder zu ebener Erde? »Genau hier«, sagt er. »Auf der Veranda im Haupthaus, wo jeden Abend der große gemeinsame Esstisch für Familie und Gäste gedeckt ist. Weil man von dort aus das Baumhaus meiner Enkelin am besten sieht.«

... *AUF DEN LAKKADIVEN*
INDIENS VERGESSENE
INSELN

Zielflughafen: Agatti Island
Airport-Code: AGX
Hängenbleibegrund: Flugzeugausfall

Wahrscheinlich muss es so sein, dass der Urlaub im Paradies nach der Landung erst mit ein bisschen Warterei vorm Tor zum siebten Himmel beginnen kann. Auf Plastikstühlen am Flughafen von Agatti unter einem altersschwachen Ventilator, während Offiziere mit ernstem Blick an einem Stehpult ganz vorne in der Ankunftsbaracke im Bananenrepublik-Look die Pässe überprüfen, Listen abgleichen und sicherstellen, dass jeder der Neuankömmlinge neben dem normalen auch das erforderliche Sondervisum hat.

Nur die Tür hinter den Pulten trennt die wackeligen Stühlchen vom Palmenwald, von blauem Himmel, türkisfarbenen Wellen, schneeweißem Sand, von Hütten an Stränden aus den kühnsten Urlaubsträumen, von Inseln ohne Fernseher, ohne Internetcafé, von Hotels ohne Zimmertelefon. Von allergrößtem Abstand zum Alltagsstress.

Alle Geduld lohnt sich, denn irgendwann ist auch der letzte Stempel im Pass, der Koffer aufs Schiff zur Überfahrt auf die nächste Insel verladen. Es wäre schließlich nicht das Paradies, läge es gleich um die Ecke. Und wäre es einfach, hinzugelangen, dann wären längst alle ande-

INDIEN

◎ Agatti Island

ren da gewesen. So zählen die Lakkadiven zu den letzten kaum bereisten Trauminseln der Welt.

Gewaltige Wasserschildkröten umschwimmen hier die schmalen Boote mit einer Eleganz und in einem Tempo, als flögen sie knapp unter der Wasserlinie durch den Indischen Ozean. Mantarochen scheinen über den Riffen der Lagunen zu tanzen. Und abends decken Kellner Holztische im Sand ein, nachdem irgendwer die Sterne über den Palmen angeknipst hat. Kitschig? Übertrieben? Nicht hier. Nicht eineinhalb Flugstunden westlich des südindischen Festlands, eineinhalb nördlich der Malediven. Die Abgeschiedenheit ist hier der Luxus, die Robinson-Atmosphäre der Genuss.

Sogar Richard Gere war hier. Er kam, um dem Mond beim Aufgehen und den Sternen beim Leuchten zuzusehen. Er spielte Robinson in Hütten, deren Wände aus geflochtenen Palmenmatten bestehen und deren Fenster aus nichts als Mückengitter sind. Ohne Gage, ohne Regisseur, sogar ohne Kamera, nur für sich – und für die Frau, mit er reiste. War sie schön? »Of course!«, erinnern sich die Einheimischen. »Natürlich war sie schön – ganz besonders sogar!« Ihren Namen weiß keiner mehr. Aber sympathisch seien beide gewesen, völlig unkompliziert, sehr relaxt. Vielleicht liegt es auch daran, dass hier jeder entspannt ist. Weil es kaum ein anderes Geräusch als das Meeresrauschen gibt, nur manchmal das des Außenborders eines Dhoni, eines dieser breiten motorisierten Kanus. Und ab und zu singt jemand, wenn er im Schatten der Kokospalmen zwischen Strand und Hütten entlangspaziert.

Es gibt keine Autos, keine Beschallung mit Durchsagen oder Musik vom Band, keine Termine, niemand hupt, kei-

ner hetzt. Und Regeln setzt nur die Natur. In der Abend-
dämmerung zündet jedes Mal ein Schatten im weißen
Gewand ein paar Kerzen in den Windlichtern am Weg an.

Gut fünfzehnhundert Meter misst diese Insel an ihrer
längsten Stelle, gut fünfhundert an der breitesten. Etwa
eine Stunde dauert es, sie bei Ebbe einmal am Strand
entlang komplett zu umwandern. Dabei interessieren
solche Fakten nur vorher. Spätestens vom zweiten Tag
an ist die Uhr egal, gelten Stunden nichts mehr, gibt es
nur noch Aufstehen und Schlafengehen und den Tag dazwischen. Auf Bangaram ist die Zeit stehen geblieben. In
der Nachbarschaft ist das nicht anders – auf den fünfunddreißig anderen Inseln der Lakkadiven. »Bei uns ist es
ungefähr so wie auf den Malediven vor dreißig Jahren«,
sagt Radhakrishna, der auf Bangaram lebt. »Und es wird
noch eine ganze Zeit lang so bleiben.«

Wer die besonders geschützte Inselgruppe bereisen
will, braucht zusätzlich zum Indien-Visum eine Extra-
erlaubnis für die Lakkadiven, fliegt auf die Insel Agatti,
muss dort für jene Einreiseprozedur in der Ankunftsbaracke auf Plastikstühlen ein wenig ausharren. Danach
geht es per Boot weiter – zwei Stunden bis Bangaram,
mindestens doppelt so lange bis Kadmat. Nur neun der
Eilande sind dauerhaft bewohnt, bislang nur wenige für
Ausländer freigegeben.

Dabei stehen längst Investoren bereit, wollen am liebsten auch die Eilande Suheli und Thinnakara mit Millio-
nenaufwand erschließen und dort Luxushotels in den
Kokoswald zimmern, die Gegenwart ins Inselreich holen. Sie wollen Robinson und Freitag für ein paar Monate
hinausrenovieren und die beiden zur Wiedereröffnung
neu einkleiden. Noch aber wohnen auf diesen Inseln

für ein paar Wochen im Jahr nomadisierende Fischer in einfachen Hütten am Strand. Sie ziehen mit den Thunfischschwärmen weiter. Die Menschen ernähren sich aus dem Meer und von dem, was Palmen und winzige Gärten hergeben, trocknen zerlegte Oktopusse an Holzgestellen im Wind und ahnen nicht, was anderswo in der Welt geschieht, waren nie auf dem Festland, das mehr als eine halbe Welt entfernt ist. Ihre Boote heißen Alhamdulillah und Ahmed II. Sie beten zu Allah und können mit Hindu-Tempeln nichts anfangen. Die etwa fünfunddreißigtausend Lakkadiver sind fast alle Moslems. Sie sind es ohne Verbissenheit und lassen jeden im Paradies nach seiner Façon selig werden.

Diesen Abend zum Beispiel hockt ein Mann in Badehose in einem erdenen Zuber im Inselinneren von Bangaram, in einer mit dem Süßwasser aus dem kleinen Inselsee gefüllten Grube. Er singt, winkt und schrubbt sich dort am Ende seines Arbeitstags in Sichtweite der hell erleuchteten kleinen Moschee: ein turmloser Gebetsraum, in dem drei Teppiche ausgebreitet sind. Ein Alter kniet dort zur selben Zeit und verneigt sich gen Mekka. Wahrscheinlich danken beide Gott für ihren Platz im Palmenparadies, jeder auf seine Weise, auf einer Insel mit nur einem Fernseher und ein paar Dutzend Hütten.

Einige davon werden an Fremde vermietet, die dem Ansturm vorausreisen, der eines nicht mehr fernen Tages folgen wird. Es sind Leute, die ihren Luxus vor allem in der Abgeschiedenheit finden, im warmen Meer mit seinem türkisfarbenen Glanz, den Schnorchel- und Tauchgründen der Lagune und der Riffs weiter draußen zwischen den Inseln. Leute, die nicht auf der Suche nach Marmorfußböden und golddurchwirkten Vorhängen sind, nicht nach Designer-Chic und Zimmerservice Ausschau halten.

Es zieht Millionäre aus den boomenden Business-Städten des Subkontinents ebenso hierher wie Leute aus Übersee, von denen manche auf diese Ferien lange sparen mussten und sich ansonsten rein gar nichts aus Geld machen. »Bollywood«-Stars waren hier – auch Lara Dutta, deren Karriere mal als Miss Universe begann und an die sich, of course, ebenfalls alle noch sehr genau erinnern. »Niemand«, sagt Radhakrishna, »muss hier Paparazzi fürchten. Entweder wissen sie nichts von unseren Inseln, von diesen Stecknadelköpfen, die aus dem Indischen Ozean ragen. Oder es ist ihnen einfach zu teuer, herzukommen.« Und zu ungewiss, pünktlich wieder wegzukommen. Der Flugplan liefert nur so etwas wie Orientierungswerte, wie Empfehlungen.

Und ob prominent oder nicht ist unter den Palmen von Bangaram sowieso egal. Es interessiert die anderen Gäste seltsam wenig und die Einheimischen rein gar nicht. Manchmal kommt es dann doch heraus – abends in der Bar bei einer aufgeschlagenen Kokosnuss oder einem Cocktail. »Du bist Hollywoodstar? Ist ja toll! Und du? Du warst mal Miss Universe?« Da kann es jemand nicht fassen, was der nette Sitznachbar im richtigen Leben tut – und gleichzeitig ist es nicht weiter der Rede wert: »Wow! Ich jobbe zu Hause in einer Boutique und bin drei Wochen zum Tauchen hier.« Und weiter ginge dieser Dialog so: »Habt ihr auch die Mantarochen draußen in der Lagune gesehen: Sieben Stück waren es heute Morgen.« Niemand fragt nach Autogrammen, alle sind irgendwie gleich. Es gibt keine Berührungsängste, keinen Kult, aber auch keine Verbrüderung. Sie alle eint, entspannen und dabei möglichst viel Ruhe haben zu wollen: morgens ein Bad im siebenundzwanzig Grad warmen Ozean nehmen, mittags ein bisschen tauchen oder schnorcheln, abends unter Palmen gegrillten Red Snapper oder scharfes Fischcurry in Kokossauce essen und anschließend einen Drink an der rundum offenen Bar im Sand nehmen.

Der einzige Fernseher steht weit abseits im Quartier der Hotelangestellten, die die notwendigen Signale mit zwei riesigen Parabolspiegeln vom Himmel fischen, als horchten sie auf die Echos von E. T. aus den Tiefen des Alls. Und auch ihnen scheint die Flimmerkiste nicht allzu wichtig zu sein. An der Antennenspitze des einen Spiegels ist die Wäscheleine zur Palme gegenüber befestigt, und wenn dort die T-Shirts trocknen, ist gerade kein Empfang. Und dass neuerdings ein Sendemast für ganz brauchbaren Handyempfang selbst im Paradies sorgt, braucht man ja zu Hause oder am Arbeitsplatz sicherheitshalber niemandem zu erzählen. Es wäre zu schade, wenn ein Anrufer aus dem Alltag ein Freizeichen bekäme. Oder man doch wieder Mails auf dem Smartphone beantworten müsste, ohne sich herausreden zu können.

INHALT

Prolog 7

Gestrandet
... im Addu-Atoll 14

... am Kabini River 20

... in Mumbai 27

... in Muscat 30

... in Fujairah 36

... auf Sir Bani Yas 39

... in Jerash 42

... in Alexandria 45

... in Marsa Matrouh 50

...auf Djerba 55

... auf San Pietro 58

... auf Folegandros 64

... auf Mykonos 69

... auf Skopelos 72

... auf Athos 75

... in Venedig 78

... in den Schären von Västervik 84

... auf Christiansø 90

... in den Dünen bei Hvide Sande 96

... am Loch Lomond 102

... auf der Belle-Île-en-Mer 105

... auf der Dune du Pilat 108

... in den Cevennen 111

... in Okzitanien 117

... in Andorra 122

... im Val d'Aran 125

... am Gold von Biskaya 128

... in Aragón 134

... im Ebro-Delta 137

... am Cabo de Gata 140

... an der Costa de la Luz 143

...auf Culatra 146

... in der Serra da Estrela 149

... auf Porto Santo 152

... in Casablanca 155

... in Fès 158

... in Tunis 164

... in den Saurierbergen von Tataouine 167

... in Karthum 173

... in Meroë 176

... in der Masai Mara 181

... auf den Seychellen 184

... in Ceará 187

... in Punta del Este 192

... am Rio de la Plata 195

… in Palenque …………………………………………… 199

… auf Cayman Brac ……………………………………… 202

… auf Les Saintes ………………………………………… 205

… in Key West …………………………………………… 208

… auf Nantucket ………………………………………… 211

… in Tombstone ………………………………………… 214

… in Utah ………………………………………………… 217

… in Las Vegas ………………………………………… 220

… auf dem E.T.-Highway ……………………………… 223

… auf dem Rodeo Drive ……………………………… 226

… auf Catalina Island ………………………………… 229

… an den Virginia Falls ……………………………… 232

… in Prince Rupert …………………………………… 235

… in Dawson City ……………………………………… 238

… in Tokio ……………………………………………… 241

… auf Fraser Island …………………………………… 244

… in Yangon …………………………………………… 247

… auf Pangkor Laut …………………………………… 250

… in Sigiriya …………………………………………… 253

… in Wayanad ………………………………………… 256

… auf den Lakkadiven ………………………………… 261

DER AUTOR

Helge Sobik, 1967 in Lübeck geboren, schreibt Reportagen aus aller Welt und publiziert in zahlreichen Medien, darunter u. a. das *FAZ-Magazin*, *Der Standard* in Wien und die *Sonntagszeitung* in Zürich. Seit er zwanzig war, ist er auf Reisen – und im Rückblick dankbar für Pannen, falsche Abzweiger, Wetterunbilden. Für all das, was einem unterwegs erst so gar nicht in den Kram passt und am Ende eine Reise bereichert: weil unverhoffte Entdeckungen, spannende Begegnungen und völlig neue Möglichkeiten dabei herauskommen. Nicht immer, aber oft.

Sobik ist mehrfach mit Journalistenpreisen ausgezeichnet und dreimal von einer Branchenjury zum deutschsprachigen »Reisejournalisten des Jahres« gewählt worden.

Im Picus Verlag erschienen seine Lesereisen Kanada, Kanadas Westen, Finnland, Mallorca, Persischer Golf, Côte d'Azur, Portugal und Dubai.

www.sobikpress.com